孟子大義

苑覺非編著

臺灣中華書局印行

孟子大義

自序

自由先進國家，逸居安樂之餘，快然自足，莫不謂人類何其幸也：食則甘旨，衣則綺繡，住則華屋大廈，行則空飛陸馳。此其犖犖大者，其便於人類之生活所需者，更僕難數也。而對人類之種種偉大貢獻，莫不歸功於自然科學之不斷發明與研究，是誠不待言之事耳。反觀，今世有識之士，深謀遠慮之後，悚然失色，則又謂人類何其不幸也：道德隱淪，人性喪失。姦邪是謀，爾詐我虞。倫常泯滅，上下失序，篡弒戕賊，無日無之，劫奪殘害，更相接踵，朗朗宇宙，人情鬼蜮。邪惡暴行殆將毀滅人類矣。

孔子生逢東周叔季之世，臣弒其君者有之，子弒其父者有之，殆如今世之世界也。孔子懼，作春秋，春秋成而亂臣賊子懼。孔子原天地之人道，本神明之至德，盡人之性，盡物之性，贊天地之化育，本末精粗，四行六闢，其運行無乎不通焉。曾爲魯司寇，三月大治，夜不閉戶，路不拾遺，蓋由文教盛德而化行之功驗也。

孟子私淑孔子，嘗曰：「乃所願，則學孔子也。」本詩、書、春秋闡發其惠政保民之旨奧，游說諸侯。推崇人類爲靈明至貴無尙之動物；故論人性則主善而本仁。謹庠序之教，中之以孝弟之義，則在使人始於本孝弟，終於推民物。論修學則在養氣而知言，始於資深以逢源，終於充塞於天地。論治法則本於不忍人之仁，推心於仁民而愛物。法乎唐虞之盛世，乃有本於內，擴充以恃源，若決江河以沛然壯濶之主流，傳大同仁道之郅治，蓋得孔子之本也。子思傳孔子之道，稽諸中庸而義合，本乎禮運而道侔，證之春秋而相符。孟子受業於子思子之門人，乃得孔門之眞傳者也。孟子贊孔子爲聖之時者也，孟子生當戰國混亂之世，上而諸侯放恣，下而邪說橫流，毅然以中國道統自任，闢邪說，放淫辭，距楊墨，面對時政弊病，痛下鍼砭。遊說諸侯引喻經典，深中肯綮，引詩者三十，觀民風以順民心；引尙書者十八，明民貴君輕之義。義理嚴明，文氣磅礴。虞集曰：「六經之文尙矣，孟子在戰國時，以浩然之氣，發仁義之言，無心於文，而開闢抑揚，曲盡其妙。」吳訥文章辨體謂：「孟子理明義精，而字法、句法、章法亦足爲作文楷式。迨唐韓昌黎作諱辯；柳子厚辯桐葉封弟，識者謂其文斅孟子。信矣。」趙岐孟子章句題詞謂：「孟子通五經之學，尤長於詩書，道既通，游事齊宣王；宣王不能用，適梁，梁惠王不果所言，則見以爲迂濶而遠於事情。天下方務於合從連衡，以攻伐爲賢。而孟軻乃述唐虞三代之德，是以所如不合，退而與萬章之徒序詩書，述仲尼之意作孟子七篇。」荀子曰：「孔子聖人之不得勢者也；若得勢則爲堯舜矣。」予則謂孟子亦聖人之不得勢者也；若得勢則爲湯武矣。孟子一本孔子大同之仁道干諸侯，倡仁義以救時政之弊，斷無阿諛苟合之想，言之不聽則去。終至其道不能見用於當世，退則著述設教，一如孔子其裨益於當時而嘉惠後世者，厥功偉矣。慨吾中華民族處乎今時世界，內而赤賊摧毀固有之倫理道德，屠殺無辜同胞；外而國際正義泯沒，詐譎相輕，見利背義。挽回人類之刧運，惟有發揚孔孟仁義之道，始足以拯國家而救世界。今世學人爭鳴者豈止千萬家，自然科學之研究、發明製造，日新月異，裨益於人類物質享受貢獻誠鉅。然而世人率多沈湎於物欲，殊不知道德仁義之完全破壞，而人類勢必隨之徹底毀滅。不佞以爲救國之道提倡科學固屬重要，而挽救世道人心，消弭殘賊之暴戾思想，惟有大力宏揚孔孟之道，以救我國家民族，進而以救世界人類。謹就課授孟子，以愚者千慮之一得，而爲此文曰：「孟子大義」。尚祈　方家教正，是幸。

中華民國六十六年六月　　日　苑覺非於國立政治大學

孟子大義

目次

第一章　孟子身世

第一節　姓氏名字籍貫考

孟子姓孟，名軻，字子輿，魯公族孟孫之後裔，鄒縣人（漢亦作騶縣，屬山東省，兗州府）。趙岐孟子題辭曰：「孟子鄒人也……鄒本春秋邾子之國，至孟子時改曰鄒。國近魯，後爲魯所幷。又言邾爲楚所幷，非魯也，今鄒縣是也。」焦循正義曰：「說文邑部云：『鄒，魯縣，古邾婁國，帝顓頊之後所封。』後世有以孟子爲魯人，居鄒，非生於鄒者。又有以鄒爲魯下邑，卽說文所稱孔子鄉，叔梁紇所治地者，皆非也。」周廣業孟子出處時地考引說文以正之云：「說文：鄒，魯邑，古邾國帝顓頊之後所封從邑芻聲。郰，魯下邑，孔子之鄉，從邑取聲。二字形義判然，許叔重書具在，可覆按也。」依焦周二氏之說，鄒非魯下邑之郰，而爲古邾國，孟子爲鄒國之人則無疑矣。

第二節　生卒家境

一、史記索隱云：「孟子生於周定王三十一年，卒於周赧王二十六年，壽八十有四。」孟氏譜云：「孟子以周定王三十七年四月二日生，即今之二月二日，赧王二十六年正月十五日卒，即今之十一月十五日，壽八十四歲。」又他本孟氏譜云：孟子生於周烈王四年己酉，卒於赧王二十六年壬申，年八十有四。」鄒縣志、孟衍泰三遷志、呂元善聖門志，並同。萬斯同羣書疑辨謂：「孟子之見梁惠王，在惠王三十五年，周顯王之三十三年也。以生烈王四年計之，孟子年方三十七，惠王何故稱爲叟？……其生於烈王四年無可疑者，惟叟之言爲可疑。然叟雖長老之稱，世亦有尊其人而加以尊稱者，不必以其年也。如漢高祖稱秦人爲父老，其人果父老哉？惠王之意稱孟子亦猶是也。孟氏之宗譜，其言必有所據。若幷舍之而不從，更將何所取信乎？」依照此說，孟子生年，雖有定王安王烈王三者不同之論，但以孟氏譜所載生於烈王四年似較爲可信也。蓋孟子之生卒年月，史傳無徵，迨唐司馬貞史記索隱始見記載，後儒考證，頗多臆測，而卒於赧王二十六年，壽八十有四，是說多相同耳。

二、趙岐題辭云：「或曰孟子魯公族孟孫之後，故孟子任於齊喪母，而歸葬於魯也。三桓子孫，既以衰微，分適他國。」焦循正義曰：「孟子既以孟爲氏，宜爲孟孫之後，但世系不可詳，故趙氏以或曰疑之。」題辭僅言「孟子生有淑質，夙喪其父，幼被慈母三遷之教」，然未及孟子父母名氏。孟氏譜與陳鎬闕里志皆稱「孟子父名激，字公宜，娶仉氏。」其他又有孟母李氏之說。周廣業孟子出處時地考謂：「孟子父名失考，孟母氏亦未詳。」蓋不信譜志各說。又闕里志三遷志等，均謂孟子三歲喪父，周氏亦斥爲妄。孟氏譜載孟子娶田氏，續文獻通考謂孟子娶田氏生子睪。韓詩外傳載孟子出妻事，更不知其何所依據也。

第二節 師承際遇

一、孟子幼承母教，舞勺之年，趨向正大，及長受業，其說有三：㈠史記列傳：「孟軻，鄒人也，受業子思之門人。」㈡趙岐題辭：「長師孔子之孫子思。」㈢孟經國孟子傳略：「伯魚卒於敬王三十七年，子思卽以是年生，至烈王四年，已百十有四年，孟子始生，安能親受業耶？蔡介夫謂若親受業，不應但云私淑諸人，其學於子上信矣。」按子上係孔子曾孫，子思之子，名白。焦循正義曰：「毛氏奇齡四書賸言云：『王草堂謂：史記世家，子思年六十二，孔子卒在周敬王四十一年，伯魚先孔子卒已三年，向使子思生於伯魚所卒之年，亦止當在威烈王三四年之間，乃孟子實生於烈王四年，其距子思卒時已相去五十年之久。又謂魯繆公曾尊禮子思；然繆公卽位在威烈五十九年，則史記所云子思年六十二者或是八十二之誤。若孟子則斷不能親受業也。』草堂之說是也。」根據此說證明未親受業於子思。孟子一書，其引述子思之稱謂，亦未見有受業之迹象。應從史記所載，受業於子思之門人爲可信也。蓋承至聖之道統，而得尼山薪傳者亦惟孟子，應無庸置疑。

二、孟子所處之環境，民生困苦，社會紊亂。「民有飢色，野有餓莩。」「仰不足以事父母，俯不以畜妻子，樂歲終身苦，凶年不免於死亡。」此當時國民生計之寫照也。「臣弒其君者有之，子弒其父者有之。」此當時社會紊亂之現象也。「今之所以求富貴利達者，其妻妾不羞也，而不相泣者，幾希矣。」「今之人，修其天爵以要人爵，既得人爵而棄其天爵。」此當時士風之貪惏淫靡也。國民救死不贍，治禮義之不暇，士大夫寡廉鮮耻，敗壞風俗，而諸侯詐謀是用，競相攻伐，背信棄禮，黷武好戰。「狗彘食人食，而不知檢。」「庖有肥肉，廐有肥馬。」「郊關之內有囿方四十里，殺其麋鹿者如殺人之罪。」此當時諸侯之般樂怠敖也。「今之諸侯，取之於民也猶禦也。」「今之爲關也將以爲暴。」「奪其民時，使不得耕耨。」「而君之倉廩實，府庫充。」此當時諸侯之橫征暴斂也。四境之內不治，民之憔悴於虐政，未有甚於此時者也。「興甲兵危士臣，構怨於諸侯，然後快於心。」「辟土地，朝秦楚，蒞中國，而撫四夷。」此當時諸侯侵略野心也。「爭地以戰，殺人盈野，爭城以戰，殺人盈城，」「天下之人牧未有不嗜殺人者。」此當時政治形態之險惡殘忍也。亞聖以仁存心，配義與道，游說諸侯，栖栖皇皇，欲挽狂瀾於既倒，而作中流之砥柱，其際遇之屯邅可想見矣。

第二章　行道著述

第一節　游說諸侯

孟子一本仁心施政之鴻猷，匡時濟世之大略，遍干諸侯。史記孟子列傳云：「孟子騶人也，受業於子思之門人，道既通，游事齊宣王；宣王不能用，適梁。」閻若璩孟子生卒年月考謂：「先爲鄒人，晚始遊梁，繼仕齊爲卿，久之，歸鄒，又入宋，以樂正子故至魯，終於魯。」任啓運孟子考略則謂：「孟子少居鄒，自鄒如宋，自宋歸鄒，之滕，愼靚王二年在梁，反於鄒，至齊，母卒歸葬於魯，復反齊，愼靚王六年去齊之宋，由薛反魯。」按任說則兩度反鄒，而閻說則缺游滕薛。時間先後各說不同，聚訟紛紜，未知孰是。總之遍游宋滕齊梁鄒魯諸國均屬事實。蓋以羈旅之臣，而輒洞悉時君之國計民務，一如孔子之「至於是邦也，必聞其政」然。

第二節　救世之策

當戰國之世，諸侯大抵好戰虐民。內則般樂怠敖，外則兵連禍結，干戈不息。孟子目擊人民之顛連困苦，救死不贍，而特殊階級暴戾恣睢，肆無忌憚。乃以仁心仁政進諫於時君，在君權至上之時代，而敢言「民爲貴，社稷次之，君爲輕」。一本君君臣臣之道則謂：「君之視臣如手足，則臣視君如腹心；君之視臣如犬馬，則臣視君如國人；君之視臣如土芥，則臣視君如寇讎。」於殘賊下埸則謂：「賊仁者謂之賊，賊義者謂之殘，殘賊之人謂之一夫；聞誅一夫紂矣，未聞弒君也。」取法乎唐虞之治則謂：「規矩方員之至也；聖人，人倫之至也。欲爲君，盡君道；欲爲臣，盡臣道：二者皆法堯舜而已矣，不以舜之所以事堯事君，不敬其君者也；不以堯之所以治民治民，賊其民者也。」闡發若是精闢經國之要道，民主之精神，雖然，時至今日，而政權在民，主政者若能體會如此政治要義，與全民融爲一體，則上有道揆；下有法守，安上而全下，此非國家民族之幸歟！

第三節　著書稽考

孟子著書有七篇十一篇之說，分述如下：

一、七篇之說：史記列傳：「而孟軻乃述唐虞三代之德，是以所如者不合。退而與萬章之徒序詩書，述仲尼之意，作孟子七篇。」趙岐題辭：「於是退而論集所與高第弟子公孫丑、萬章之徒難疑答問，又自撰其法度之言，著書七篇。」有謂孟子歿後成於其弟子之手者。

韓愈答張籍書：「孟軻之書，非軻自著，軻既歿，其徒萬章公孫丑相與記軻所言焉耳。」宋晁公武郡齋讀書志：「書載孟子所見諸侯皆稱謚，如齊宣王、梁惠王、梁襄王，滕定公、滕文公、魯平公是也。夫死然後有謚，軻著書時所見諸侯不應皆死。且惠王元年至平公之卒，凡七十七年，孟子見惠王，王目之曰叟，必已老矣，決不見平公之卒也。故予以愈言爲然。」有謂孟子自著者。朱子全書：「孟子疑自著之書。故首尾文字一體。」元金履祥孟子集註引王文憲之言曰：「孟子與齊宣王問答首章，開闔變化，精神超越，而元氣不動，非門人所得傳。」亦有謂孟子自著，門人追加諸侯王之謚法者。閻若璩孟子生卒年月考：「七篇爲孟子自作，至韓昌黎故其亂說。論語成於門人之手，故記聖人容貌甚悉，七篇成於己手，故但記言語或出處耳。」又云：「卒後書爲門人所叙定，故諸侯皆加謚焉。」上列諸說以趙岐題辭較爲可信也。魏源孟子年表考：「七篇中無述孟子容貌言動，與論語爲弟子記其師者不類，當爲手著無疑。又公都子、屋廬子、樂正子、徐子、皆不書名，而萬章、公孫丑獨名，史記謂退而與萬章之徒作七篇，其爲二人親承口授而筆之書甚明，與論語成於有子曾子門人故獨稱子者殆同一間，此其可知也。」由魏氏之論，蓋贊同史記者也。焦循正義曰：「難疑者，有疑則解說之也。答問者，有問則答之也。平日與諸弟子解說之辭，諸弟子各記錄之，至是孟子聚集而論次之，如篇中諸問答之文是也。其不由問答，如離婁盡心等章，則孟子自撰也。又有齊、魏、鄒、滕諸君所言，景子、莊暴、淳于髡、周霄、景春、宋牼、宋句踐、夷子、陳相、貉稽、戴盈之、戴不勝、儲子、沈同、陳賈、愼子、王驩等相問答，蓋亦諸弟子錄之而孟子論集之矣。」此焦氏闡明趙氏之說也。

二、十一篇之說：漢劉歆七略，有孟子外書四篇。應劭風俗通窮通篇謂孟子絕糧於鄒薛，作書中外十一篇。漢書藝文志亦稱孟子十一篇。皆以爲七篇之外，有外書四篇。但史記祇言孟子七篇，未嘗有十一篇或外書之說。趙岐題辭雖載「又有外書四篇，性善、辯文、說孝經、爲政。」但謂其文不能宏深，不與內篇相似，似非孟子眞本，後世依放而託之者也。」上說七略、風俗通、漢書藝文志所載，皆依放而託之僞書。宋王應麟困學記聞：「漢七略所錄，若齊論之問王知道，孟子之外書四篇今皆失傳。」此僞託之外書，宋代以前亦已失傳；而宋代以後迨及今世所傳者槪爲僞書明矣。

第三章　學說重心

第一節　性善說

一、人之稟受易繫辭：「有天道焉，有人道焉，有地道焉，兼三才而兩之。」易說卦：「立天之道，曰陰與陽；立地之道，曰柔與剛；立人之道，曰仁與義。」蓋言人與天地並列而爲三才。天地生萬物，獨曰人貴。餘者之物亦無不賦予形體，諸如飛、潛、動、植、卵、胎、溼、化各隨其生也。聖人觀天地萬物之情至審，故而先天下而開其物，後天下而成其務，散之在理，則有萬殊，統之在道，並無二致。董仲舒春秋繁露曰：「爲生者，不能爲人；爲人者天也。人之血氣化天志而仁，人之德行化天理而義。」王道通篇曰：「人之受命於天也，取仁於天而仁也。是故人之受命天之尊，有父兄子弟之親，有忠信慈惠之心，有禮義廉讓之行，有是非順逆之治，文理燦然而厚，智廣大而博。唯人道爲可以參天。」人之稟受於天，自古聖帝明王無不循此定理與教化，賢哲探天則以立言，惟推論人道爲至貴也明矣。

二、人之本性　詩大雅烝民：「天生烝民，有物有則，民之秉彝，好是懿德。」蓋言天生衆民，有事物則有法則。彝者，常也。懿者，美也。人之秉性愛好美德。天之生人各具此善性也。孟子曰：「今人乍見孺子將入於井，皆有怵惕惻隱之心；非所以內交於孺子之父母也，非所以要譽於鄉黨朋友也，非惡其聲而然也。由是觀之，無惻隱之心，非人也；無羞惡之心，非人也；無辭讓之心，非人也；無是非之心，非人也。」又曰：「孩提之童，無不知愛其親也；及其長也，無不知敬其兄也。親親。仁也；敬長，義也。無他，達之天下也。」今人之「人」，泛指衆人，無賢愚之分，孺子無知，童昏之年也。將行跌入於井，其生死關頭間不容髮之頃也，見之者，莫不有驚駭憐憫之情，情發於中，非爲他人也，亦非惡其不仁之名而然也。人各具有仁義禮智本然性之善端也，無此，則直若禽獸，不得謂之人矣。又孩提者，襁褓之童子也。蓋言襁褓童子無有不知愛其父母者；及其長大，無有不知欽順其兄長者。親愛其父母，恭敬其兄長。此其本性具有之良能良知，亦卽仁義之行也。孟子根據經典與實際體驗而演繹性善之說耳。

三、駁告子論性　告子曰：「生之謂性。」又曰：「食色性也。」告子所言之性，乃就物欲之性而言也；物欲之性爲一般動物所同有，非人類所獨具也。論人性當異於禽獸者之性，孟子亦謂口之於味有同嗜，目之於色有同美，亦不否認食色爲性分之一端，但人各獨具至尊至貴之性，而告子忽之，僅以食色言人性，不啻將人之性與物之性混爲一談，則大謬矣。故孟子駁示之曰：「生之謂性也，猶白之謂白與？曰：『然』。白羽之白也，猶白雪之白，白雪之白，猶白玉之白與？曰：『然』。然則犬之性，猶牛之性，牛之性，猶人之性與？」告子則無辭以對。中庸曰：「尊德性，而道問學。」又曰：「喜怒哀樂之未發，謂之中；發而皆中節，謂之和。」喜怒哀樂人之情也，未發性也。曰德性，曰明德。性與命與生以俱來，此與生俱來之性，善養之者，可歷萬化而不盡。堯典曰：「克明峻德。」大學曰：「在明明德。」詩曰：「予懷明德。」蓋人莫不具有魂魄；魄易蔽於物交，薰於利慾，鎔於意氣，皆勢足以害性也。魂則虛靈不昧，含於秉彝，持於善良，固足以保性；魄則往往爲魂之勁敵，惟聖賢能善養之，其魄動輒受魂之指使，自然私欲淨盡，渾然天理矣。聖人順性命之正，立天之道，而教化人人盡善，惟人人具此性，善養之，則人皆可以爲堯舜。盡人不得自甘暴棄，孟子性善之說蓋本於此也。

四、各家言性　董仲舒曰：「性者生也。」程顥曰：「生之謂性」，（二程全書卷二）。其義性乃人之生命，舉凡人之動作云爲，皆爲性之表現。告子先有此說，大體固不差也，然告子曰：「性無善無不善也。」專指肉體之生活而言，卽所謂食色性也。故言此性可使之爲惡，亦可使之爲善也。禮記樂記云：「人生而靜，天之性也。感於物而動，性之欲也。物至知知，然後好惡形焉。」人生而靜者，喜怒哀樂未發之中，天命之性也。感於物而動者，則性發而爲情也。蓋人心之靈，物至則必有所知，善善惡惡，原於義理，則道心明矣。樂記又云：「夫民有血氣心知之性。」性字從生從心，「生」指血氣之性，「心」指心知之性。血氣之性，可使人為惡，心知之性，則純含四端（仁義禮智），為天德之根源，故孟子道性善乃本乎此。蓋以人性本屬形而上焉者也。然人之血氣之性與心知之性則顯然有徵，是故古今來之言性者，立論不一，或互相辯難。率多據此二者言之也。宋儒二程張朱研究性學最為詳密，將人性分為義理之性與氣質之性；二程皆以人生稟氣有善有惡，張朱皆以性之本身分為天地之性與氣質之性，二者顯然一善一惡。性有善惡之表現，先聖後哲各有明文。孔子論人有上中下三等及上智下愚之分。（論語雍也篇陽貨篇）。荀悅韓愈據之作性有三品之說；周人世碩及孔子弟子宓子賤漆雕開等論性，皆言性有善惡，王充據之以作本性篇；董仲舒言人性「有貪有仁」，（春秋繁露深察名號篇）。揚雄法言修身篇則謂善惡混亂。告子曰：「性可以為善，可以為不善。」或「有性善，有性不善。」惟孟子只言性善，荀子只言性惡者，何也？告子與孟子同時，其論性無善惡之分，以性譬之湍水，決之東則東，決之西則西。夫水無分於東西，猶人性無分於善惡也。蓋人初稟天然之姿，其善惡未可推移者，謂中人也。故孔子曰：「中人以上，可以語上也，中人以下，不可以語上也。」（論語雍也篇）告子以水喻性，殆指中人，非極惡極善之人也。孔子曰：「性相近也，習相遠也。」（論語陽貨篇）夫中人之性在其所習，習於善則善；習於惡則惡也。孔子曰：「惟上智，與下愚不移。

」（同前篇）是謂性有善有不善而教化難移也。孔子爲天德之宗師，居諸子之冠，乃曰上智下愚不移，足證告子論性有欠的當。雖然，緣以告子以水喻性，夫決水使之東西，猶染絲使之青赤也。殊不知丹朱商均已染唐虞之化，何以丹朱傲而商均虐耶？至惡之質藍朱不能變也。荀子反孟子作性惡篇，以爲「人之性惡，其善者僞也。」意謂人性罔不惡，其善者，及其長勉爲之，故謂之僞也。然而荀子此論亦未得實在。史載后稷兒時以種樹爲戲，孔子能行以俎豆是弄。賦秉各異，故不得以人性盡惡論之也。陸賈曰：「天地生人也，以禮義之性，人能察己，所以受命則順，順之謂道。」言人禮義爲性，人能察己，所以受命。然而性善者，不待察而自善，性惡者，雖能察猶悖畔禮義，禮義固有揭於善而弗能爲也，蓋猶以貪者亦言廉；亂者亦言治；殘賊者亦言仁；專制者亦言民主也。陸賈之論亦欠正確。董仲舒觀孟子荀子之書，作情性之說曰：「天之大經，一陰一陽。人之大經，一情一性。性生於陽，情生於陰，陰氣鄙，陽氣仁。」言性善者是見其陽也；言性惡者是見其陰也。董子謂孟子見其陽，荀子見其陰也。劉子政曰：「性生而然者也，在於身而不發，情接於物而然者也，出形於外，形外則謂之陽，不發者則謂之陰。」以子政之言，謂性在身而不發，情接於物，形出於外，故謂之陽；性不發，不與物接故謂之陰。如此，乃謂情爲陽，性爲陰也。果如子政所言，復與董子論者適得其反，然自孟子以下至劉子政各論情性竟無定是。由此觀之，蓋事易知而道難窮其理也。荀子言性惡者，祇見中人以下者也；揚雄言性善惡混者，殆以中人論者也。書曰：「節性惟日其邁。」節，控制之意，性須加控制，性則爲惡也。詩曰：「俾爾彌爾性。」彌，廣也，言須廣大其性也。中庸曰：「天命之謂性，率性之謂道。」率，循也，謂依循此性而行卽正道也。既曰天性，「彌」之「率」之者，是皆就善而言之也；若非善者，豈可「彌」之「率」之乎？荀子之言性者，本始質樸也，僞者，文理隆盛也；質樸者，猶粗劣未精耳；隆盛者，施之以文飾而已。諸儒論性曰善曰惡，曰善惡混，其用心並無不同。漢儒議孟子，宋儒斥荀子，皆有獨到之見地也。

第二節　性善性惡之分析

一、孟子盡心篇曰：「可欲之爲善。」推己之可欲，而使人欲之，人便感覺其行爲合乎義理，卽爲善，反乎是便爲惡也。荀子性惡篇曰：「凡古今天下之所謂善者，正理平治也；所謂惡者，偏險悖亂也。」蓋人之稟氣各殊，性之善者，必有善行；性之惡者，必有惡行。荀子既言性惡矣，復謂人受師法之化，可以進身於仁義；假如性惡之人，勢難望其有仁義之行！雖有良師妙法亦難受其感化，又安可進身於仁義也？孟子固言性善矣，而輒見痛斥暴君汙吏之罪惡，當時之君主官吏果無惡性，而殘暴貪惏比比皆是也，甚有彌縫其惡；掩飾其惡；且不乏倚勢怙惡不悛者也。論者謂：「孟子見仁而不見貪，謂之善；荀子見貪而不見仁，謂之惡。」意言孟荀各執一偏，其實不然也。荀子謂：「塗之人可以爲禹。」荀子非不以爲人具善性也。孟子曰：「耳目之官不思而蔽於物，物交物則引之而已矣。」聲色物慾發自天性，若不循禮義以縱耳目之欲，則蔽於物交，勢必流於貪妄行惡也。孟子曰：「待文王而後興者，凡民也。若夫豪傑之士，雖無文王猶興。」孟子非不承認人之才智有高下之分，上智者，不待聖王敎化而自能興起歸善行仁；平庸者，若無聖王敎化而難能興起趨向於善行也。又曰：「動心忍性，增益其所不能。」孟子則亦承認人之性有惡之一面在也。荀子專注人之惡性。故力言性惡，使人知所戒勉修行趨向於善；孟子特重人之善性，故強調性善，使人知所奮進崇德免除其惡也。其論敎化之功，修養向善之要，指趣殊途而同歸焉。董仲舒謂：「性如繭如卵；卵待孵而爲雛；繭待繅而爲絲；性雖漸於敎訓而後能爲善，善，敎誨之所然也。」又謂：「性比於禾，善比於米；米出禾中，而禾未可全爲米也。」善生性中，而性未可全爲善也。善與米人之所繼天而成於外，非在天所爲之內也。天之所爲有所至而止；止之內謂之天性；止之外謂之王敎，王敎在性外，而性不得不遂，故曰，性有善質而未能爲善也。性者，天質之樸也，善者，王敎之化也，無其質，則王敎不能化；無其王敎，則質樸不能善也。告子謂「性猶杞柳，義猶桮棬，以人性爲仁義，猶以杞柳爲桮棬。」而與董子所論符然。孟子荀子告子董子似亦無不合也。

第三節　言性惡者於後世之影響

韓非子顯學篇云：「世之顯學，儒墨也。儒之所至，孔丘也。墨之所至，墨翟也。自孔子之死也，有子張之儒，有子思之儒，有顏氏之儒，有孟氏之儒，有漆雕氏之儒，有仲良氏之儒，有孫氏之儒，有樂正氏之儒。自墨子之死也，有相里氏之墨，有相夫氏之墨，有鄧陵氏之墨。故孔墨之後，儒分為八，墨離為三，取舍相反不同，而皆自謂眞孔墨；孔墨不可復生，將誰使定後世之學乎？」韓非所言之孫氏，乃指孫卿卽荀子也。所謂儒分為八之八儒，至戰國之時，子張、顏氏、漆雕氏、仲良氏、以及樂正氏，其遺緒皆湮沒而不彰，子思、孟氏之學，皆源於孔門，而孟荀雖後世同稱為儒家，但其論學，孟子則道性善，稱堯舜，力倡民貴君輕之義。荀子則言性惡，法後王，大為專制君權助其勢。韓非李斯皆荀卿之弟子，而集法家之大成，實傳荀子之衣鉢者也。蘇子瞻荀卿論云：「觀荀卿之書，然後知李斯之所以事秦者，皆出於荀卿而不足怪也。荀卿者，喜為異說而不讓，敢為高論而不顧者也。其言愚人之所驚，小人之所喜也。」此誠透闢之論。蓋孔子之後，獨得儒家正統思想者，戰國之世孟子一人而已。其傳中華文化道統而德被後世者，亦非異說高論所為功也。孟子歿後，荀子以偏激之論詆毀孟子。荀子非十二子篇云：「略法先王而不知其統，猶然而材劇志大，聞見雜博，案往舊造說，謂之五行，甚僻違而無類，幽隱而無說，閉約而無解。」荀子之文學不乏贊其高妙，其立說多有歎其奇異者，然自秦而後千有餘歲，吾國之政治學術受荀卿學說之影響大矣。史記高帝紀：「未央宮成，高祖大朝羣臣，置酒未央前殿，高祖奉玉巵起爲太上皇壽，曰：『始大人常以臣無賴，不能治產業，不如仲力；今某之業所就，孰與仲多？』」其自私逐利之情溢之於辭，竟將全民組成之國家視爲一己之產業。猶如秦本紀：「朕爲始皇帝。後世以數計，二世三世至于萬世，傳之無窮。」秦始皇之殘賊暴虐似乎不宜與漢高帝相互引論，然其蔑視衆民，恃權自私，並無不同。漢高帝幸有蕭何張良賢輔救其弊，秦始皇適逢李斯趙高濟其惡。觀夫李斯之文辭高妙奇異，其諫逐客書一文，列舉秦之先世諸王用士，不必產於秦而民殷盛，而國富強，鋪叙史實物證，利害顯明。引經據典，瑰瑋雅麗，堪稱千古佳構。此文非但引人入勝，更足以蠱惑專橫暴君信任而無疑矣。孟子本仁義匡世之大略，游說諸侯，所如不合卽去，所謂見幾而作，不俟終日者也。李斯則見逐遲遲，以其幽眇文采惑其昏暴之主。是誠讒諂面諛之惡人也。誠如孟子云：「與讒諂面諛之人居，國欲治可得乎？」自古迄今，士之文辭美而居心惡者，皆衣冠豺狼也。李斯之文辭美妙奇異自當有所師承耳。嬴秦統一中國，始皇納李斯之議，焚詩書，坑儒士士孟子與諸子百家，同在焚禁之列。西漢經學昌明，而孟子屏爲子書。文帝、景帝時曾一度立於學官旋卽廢黜不立。孟子一書，唐宋以前，讀者絕少，乃因倡導民權，爲歷代專制帝王所不喜。迨至明太祖讀孟子，至「君之視臣如土芥，則臣視君如寇讎。」大恚。嘗詔命去其配享，諫者以不敬論。千有餘年來，吾國之政治學術，大抵受荀學所支配。其間以暴易暴，敲剝天下之骨髓，離散天下之子女，荼毒萬姓，視爲當然。亦荀學影響之害也。梁啓超飲冰室文集論諸家之派別謂：「荀卿實儒家中最狹隘者也。非徒崇本師以拒外道，亦且尊小宗而忘大宗。雖謂李斯坑儒之禍，發於荀卿，亦非過言也。」吾國學術，自漢以後，不乏尊崇孔學之朝代，實則鮮不獨行最狹隘之荀學支派而有害孔子大同之道也明矣。

第四章　政治

第一節　仁義之要

一、孟子之言仁義非由外鑠。故曰：「仁，人心也；義，人路也。舍其路而弗由，放其心而不知求，哀哉！人有雞犬放，則知求之；有放心，而不知求。學問之道無他，求其放心而已矣。」（告子篇上）。直言人心人路不假外求。鞭辟近裏。心為一身之主，果能存持勿失，則志氣清明，義理昭著，私欲淨盡，天理流行。孟子言人求仁義不難，以其為人人所固有，人人所本能，及時導引而擴充之，則取之不盡，用之不竭。故曰：「人皆有所不忍，達之於其所忍，仁也；人皆有所不為，達之於其所為，義也。人能充無欲害人之心，而仁不可勝用也；人能充無穿窬之心，而義不可勝用也。」（盡心篇下）。言人固有之善端，貴在存養省察之際，本此固有而善導之；持此固有而開拓之。取譬至為淺顯，工夫極其高深。天下之人果能充其不害人之心，不穿窬之心，則姦邪之事絕，而仁道之行備矣。

二、孟子造端托始之深意：孟子首章答梁惠王問即曰：「仁義而已矣，何必曰利。」殊不知人人果能由仁義行，即不言利，而利自在其中，則公利興，公害除焉。若各惟利是圖，勢必上下交征，禍患則不堪設想矣。故曰：「未有仁而遺其親者也，未有義而後其君者也。」（梁惠王篇上）。司馬遷曰：「余讀孟子書，至梁惠王問何以利我國，未嘗不廢書而歎也。曰：嗟乎，利誠亂之始也！夫子罕言者，常防其原也。故曰『放於利而行，多怨。』自天子至於庶人，好利之弊何以異哉。」（史記）。雖然易云：「乾元、亨、利、貞爲四德。」又曰：「利見大人，利涉大川，乾始能以美利利天下。」大學云：「小人樂其樂而利其利。」稽考古籍未嘗不言利也。然易之言利，即謂利者義之和也。大學之言利，即仁以安人，不以利爲利，以義爲利也。仁者一本愛人之心，隨時利人，適足利己；不仁者一本利己之心，隨時害人，適足以害己。利從義取，施之於全民，則爲公益，導致國富而民足；施之於一己，則爲收益，乃能仰事以俯畜。或謂物競天演，爭利之心今世愈烈，非人力所可阻止也。誠然，核子競試，爲利其兵也；顛覆滲透，爲利其計也；敲詐恫嚇，爲利其勢也。似此懷利妄爲之心無已，悲夫！人類浩劫不知何時止矣。

三、孟子持論人己之界甚平。故曰：「仁者無不愛也」。（盡心篇上）凡是以仁存心之人，無不愛人。又曰：「君子以仁存心，以禮存心。仁者愛人，有禮者敬人。愛人者，人恒愛之；敬人者，人恒敬之」。（離婁下）。以仁存心之君子，先有諸己而後求諸人。即顯赫權要亦不外乎是理。故曰：「殺一無罪，非仁也。非其有而取之，非義也。居惡在？仁是也。路惡在？義是也。居仁由義，大人之事備矣」。（盡心篇上）又曰：「三代之得天下也以仁，其失天下也以不仁。國之廢興存亡者亦然。天子不仁，不保四海，諸侯不仁，不保社稷；卿大夫不仁，不保宗廟；士庶人不仁，不保四體。今惡死亡而樂不仁，是猶惡醉而強酒。」（離婁篇上）。又云：愛人不親反其仁，治人不治反其智，禮人不答反其敬。行有不得者，皆反求諸己；其身正，而天下歸之。」（同上篇）。更言明「仁則榮，不仁則辱」之理。持續論及修己安人之道，人己之間相對感應，亦在內省之功。夫仁爲天之尊爵，其貴無與倫比，不能修天爵以保人爵，雖得人爵，鮮有不傾覆敗亡者也。孟子反覆以仁道厚望於有國家者，厥爲安上而全下，用心良苦矣。

第二節 仁政

一、王政

爲政之主旨，在於保民愛民，以仁道待民，此種仁道政治，亦即孟子所言之王道政治。說文：「王，天下所歸往也。」使天下之民心悅誠服而歸往，乃由仁政召之也。蓋王道仁政異乎霸道功利；王道以不忍人之心，行不忍人之政；霸道則窮兵黷武，好戰虐民。省刑罰，薄稅斂。不違農時，民有餘粟。壯者暇日，修其孝弟忠信，以闡明其禮義。敎民養民，斯即王政之所由興也。執國家政柄者，能以仁道愛民，而衆民未有不愛戴其政府者，仁政之功效捷如影響。故孟子對黷武好戰虐民之覇道深鄙薄之：

㈠齊宣王問曰：「齊桓晉文之事，可得聞乎？」孟子對曰：仲尼之徒，無道桓文之事者，是以後世無傳焉，臣未之聞也。無以，則王乎？」（梁惠王篇上）

㈡公孫丑問曰：「夫子當路於齊，管仲晏子之功，可復許乎？」孟子曰：子誠齊人也，知管仲晏子而已矣。或問乎曾西曰：『吾子與子路孰賢？』曾西蹵然曰：『吾先子之所畏也。』『然則吾子與管仲孰賢？』曾西艴然不悅曰：『爾何曾比予於管仲？管仲得君如彼其專也，行乎國政如彼其久也，功烈如彼其卑也，爾何曾比予於是？』曰管仲曾西之所不爲也，而子爲我願之乎？」曰：管仲以其君覇，晏子以其君顯，管仲晏子猶不足爲與？」曰：以齊王，由反手也。」（公孫丑篇上）

㈢齊桓晉文之事，孟子豈具無所聞哉？管仲晏子之功，孟子以爲不足道也明矣。

㈣「王曰：「王政可得與？」對曰：「昔者文王之治岐也，耕者九一，仕者世祿，關市譏而不征，澤梁無禁，罪人不孥。……」王曰：「寡人有疾，寡人好貨。」對曰：王如好貨，與百姓同之，於王何有？」（梁惠王篇下）

㈤「王如施仁政於民，省刑罰，薄稅斂，深耕易耨；壯者以暇日修其孝悌忠信，入以事其

父兄，出以事其長上，可使制梃以撻秦楚之堅甲利兵矣。」（梁惠王篇上）

㈥孟子仁政之主張，一如孔子所謂「足食足兵，民信之矣。」治國臨民，使庶且富，明恥教戰，無敵於天下。

二、重農

孔子已先言之，孟子傳其大同之治，承襲其道統，深知國以民爲本，民以食爲天。「夫爲國者，以富民爲本。」（潛夫論）。孟子曰：「易其田疇，薄其稅斂，民可使富也。食之以時，用之以禮，財不可勝用也。民非水火不生活，昏暮叩人之門戶求水火，無弗與者，至足矣。聖人治天下，使有菽粟如水火；菽粟如水火，而民焉有不仁者乎？」（盡心篇上）水火乃人民生活所必需，其重要性幾於菽粟等，何以昏暮叩門求借於人，而毫不吝嗇以與之？以其至足也。爲國者果能使民生食有餘粟，驅而之善則民無不樂從者也。管子云：「倉廩實而知禮節，衣食足而知榮辱。」（史記管晏列傳）。

㈠農事—政令首當以農事是務，猶如今之聘請專家指導研究改良品種，着農村事蠶桑，畜雞豚，飼池魚，造森林，設牧場，植六穀。「用天之道，分地之利，六畜生於時，百物聚於野」（潛夫論）。「不違農時，穀不可勝食也；數罟不入洿池，魚鼈不可勝食也；斧斤以時入山林，材木不可勝用也。穀與魚鼈不可勝食，材木不可勝用，是使民養生喪死無憾也。

養生喪死無憾，王道之始也。五畝之宅，樹之以桑，五十者可以衣帛矣。雞豚狗彘之畜，無失其時，七十者可以食肉矣。百畝之田，勿奪其時，數口之家，可以無飢矣。謹庠序之敎，申之以孝悌之義，頒白者不負戴於道路矣。七十者衣帛食肉，黎民不飢不寒，然而不王者，未之有也。」（梁惠王篇上）。

㈡制產—制產之法，旨在防止富者田連阡陌，貧者地無立錐之弊。猶如我之平均地權，耕者有其田之制然。無此制度，有餘者坐享其利，流於驕奢；不足者終歲勞苦，無以維生。孟子特爲提倡「井田之法」。一夫受田百畝，豐年足供仰事俯畜而無虞；凶歲而食，存有餘粟以免死亡。況且「無恒產而有恒心者，惟士爲能。若民，則無恒產，因無恒心；苟無恒心，放辟邪侈，無不爲矣。及陷於罪，然後從而刑之，是罔民也，焉有仁人在位罔民而可爲也？是故明君制民之產，必使仰足以事父母，俯足以畜妻子，樂歲終身飽，凶年免於死亡，然後驅而之善，故民之從之也輕。今也制民之產，仰不足以事父母，俯不足以畜妻子，樂歲終身苦，凶年不免於死亡，此惟救死而恐不贍，奚暇治禮義哉？」（梁惠王篇上）。制民之產，實屬仁政之要。古制井田之法：「方里而井，井九百畝，其中爲公田；八家皆私百畝，同養公田。」此項制度，無疑是將方一里之耕地，劃分爲九區，即所謂「井田法」。中間爲公田，每區各佔百畝，周圍八區由政府分別授給八家，每家自耕私田一百畝，各將耕種之私田收穫歸爲私有；公田一百畝由八家共耕之，公田所有收穫納諸政府，即爲田賦。此制產制度甚善，孟子僅言大略，其詳未可得聞也。趙岐注謂：「古井田之法，時諸侯各去其典籍，人自爲政，故井田之道不明也。」夫飢寒並至，雖堯舜躬化不能使野無寇盜；貧富兼并，雖皋陶制法不能使強不陵弱。蓋漢儒以殷代耕地，尚行井田之制，其制周初尚存，惟至戰國，典籍既失，故其法不可得而詳。孟子僅據詩小雅大田篇曰：「詩云：『雨我公田，遂及我私。』惟助爲有公田，由此觀之，雖周亦助也。」（滕文公篇上）。由此詩觀之，典籍雖失，而周初尚行井田之法可徵矣。上說證明孟子時亦缺乏充分資料可據，故祇引大田二句以證周初尚有公田私田之制，但仍不足以證明此公田私田之制即「方里而井」之井田之制也。孟子學孔子，本仁以言政，故依託古制演繹井地之法無疑矣。如滕君使畢戰問井地，孟子僅告以大略，並云：「若夫潤澤之，則在君與子矣。」（同上篇）。

(三)賦制──古制民家耕地必有定量，而繳納政府之田賦亦有限制。若按井田之制，井九百畝，八家各私百畝，中爲公田，由八家共耕種之，並約定公事畢，然後治私事，此公田之收穫納於政府，即所謂「萬取千焉，千取百焉。」而政府除得此而外，不再有所取於民也。

「是故賢君必恭儉，禮下，取於民有制。陽虎曰：『爲富不仁矣，爲仁不富矣。』夏后氏五十而貢，殷入七十而助，周人百畝而徹。其實皆什一也。徹者，徹也；助者，藉也。」

（滕文公篇上）。古時賦稅之制由此可見一般矣。

漢儒言於公田百畝之中，以二十畝爲廬舍，餘八十畝爲耕田，依孟子謂「五畝之宅」即可餘耕田每家九十五畝，自與漢儒之說不同，斯足證漢儒之說不足以釋孟子。孟子意謂夏殷周三代賦制皆什一也；而施行之法則各自有異，如龍子之言：「治地莫善於助，莫不善於貢；貢者，校數歲之中以爲常。樂歲粒米狼戾，多取之而不爲虐，則寡取之。凶年糞其田而不足，則必取盈焉。爲民父母，使民盻盻然，將終歲勤動不得以養其父母，又稱貸而益之，使老稚轉乎溝壑，惡在其爲民父母也。」（滕文公篇上）。按三代之稅法，皆賦十分之中取其一，但以助法爲最善者，以其「助而不稅」也。井田制度，土地爲國家所有，畫成井田，井九百畝，中爲公田，八家共耕公田，以公田之收穫納於政府，即所謂「耕者九一」之賦制，此種稅制較諸今世並不爲輕，第其稅率隨年歲之豐歉而增減，較之「貢法」以數歲秋收之平均數爲準以制定稅額，故曰「莫善於助」也。賦制之外，以當時政事單純，並無附捐雜稅，人民負擔仍不爲重也。

孟子所論賦制什一，概限於公田獻納，額外不得聚斂。所謂「樂歲終身苦，凶年不免於死亡」。蓋因戰國之世諸侯率多窮兵黷武，支用浩繁，橫征暴斂，勢所難免。故孟子特重「取於民有制」。魯宣公十五年「初稅畝」春秋書之。穀梁傳曰：「初者始也。古者什一，藉而不稅。」此可證明魯國初亦限於土地單稅制，嗣因天下多事，國用日繁，乃於正稅外附加畝稅。故孟子以爲衆民所不悅服者也。「市，廛而不征，法而不廛，則天下之商皆悅而願藏於其市矣。關，譏而不征，則天下之旅皆悅而願出於路矣。耕者助而不稅，則天下之農皆悅而願耕於其野矣。廛無夫里之布，則天下之民皆悅而願爲之氓矣。」（公孫丑篇上）。商賈繳納店舖捐，不再征收營業稅；關卡之設，僅爲詰奸禦暴，無須征稅；耕地既收正賦，決不再稅田畝，是故孟子慨乎言之：「古之爲關也，將以禦暴；今之爲關也，將以爲暴。」（盡心篇下）。「今之事君者曰：『我能爲君辟土地，充府庫。』今之所謂良臣，古之所謂民賊也。君不鄉道，不志於仁，而求富之，是富桀也。」（告子篇下）。「求也爲季氏宰，無能改於其德，而賦粟倍他日。孔子曰：『求，非我徒也，小子鳴鼓而攻之可也。』由此觀之，君不行仁政而富之，皆棄於孔子者也。」（離婁篇上）。孟子之政治主張特重薄稅以富民，一如孔子所主張之使民既庶且富之政策。自古以來，民富則國富；民貧則國危。孟子之政策固屬以薄稅富民，然而一旦國用匱乏，非無對策，平時除以禮義倫常教民而外，並云：「賢君必恭儉，禮下。」又曰：「恭者不侮人，儉者不奪人。」古云「勤則有功，儉則不匱。」在上者能以儉約爲全民倡，則上者行而下者效，儲備國力，蓄養民利。「百姓足，君孰與不足；百姓不足，君孰與足。」（論語顏淵篇）。即所謂富民適足以富國。孟子曰：「有布縷之征，粟米之征，力役之征。君子用其一，緩其二。用其二而民有殍，用其三而父子離。」（盡心篇下）。趙岐注：「國有軍旅之事，則橫興此三賦也。」國家一旦用兵，戰事爆發，費用浩繁，增加人民擔負，勢所必然。然孟子猶以爲此三種臨時之征尚不可盡用，應擇其較重要而急需者偶施之，若此賦斂同時盡用，勢必使民餓死流離，而戰力枯竭，則言戰鮮有不失敗者也。反之，平時儉約而有戰時儲備；戰時有所恃而不需竭取民財民力，自能戰力充足，若誅暴弔民以言戰，天下無敵焉。

㈣振助─中國大陸之天災無法避免。不乏省分，每遇旱災，則赤地千里；若逢水患，則盡成澤國。蝗蟲擁至，侵蝕禾稼，損害農民生產，不免飢餓流離。政府於此時即當勘察災情，發倉廩積存之粟，救濟災區，並視災情輕重振助之。每歲播種之時，收穫之後，君主定時親自出巡，觀察農民生活狀況，其有不足者，則予補助之。王政之於民可見一斑矣。「天子適諸侯曰巡狩。巡狩者，巡所守也。諸侯朝於天子曰述職。述職者，述所職也。無非事者。春省耕而補不足，秋省斂而助不給。夏諺曰：『吾王不遊，吾何以休？吾王不豫，吾何以助？』一遊一豫，爲諸侯度。」（梁惠王篇下）。國君於春秋二季省耕省斂，均應行以爲常，不拘豐年凶歲按時瞭解農民生活。若國君不及出巡，而發生凶荒，則都邑大夫須將災區情形呈報中央，請急發倉廩以振濟，設若中央不依所請，則大夫即當辭去其官，不得坐視斯民飢而死也。孟子之平陸，謂其大夫曰：「子之持戟之士，一日而三失伍，則去之否乎？」曰：「不待三。」「然則子之失伍也亦多矣。凶年饑歲，子之民老羸轉於溝壑，壯者散而之四方者幾千人矣。」曰：「此非距心之所得爲也。」曰：「今有受人之牛羊而爲之牧之者，則必爲之求牧與芻矣，求牧與芻而不得，則反諸其人乎？抑亦立而視其死與？」曰：「此則距心之罪也。」（公孫丑篇下）。一國之君奢泰無度，只知個人物質享樂；橫征暴斂，充實府庫，不知振濟饑民，是猶率獸食人，不異以刃而殺其民也。「狗彘食人食而不知檢，塗有餓莩而不知發。人死，則曰：『非我也，歲也。』是何異於刺人而殺之，曰：『非我也，兵也。』」（梁惠王篇上）。梁惠王曰：「寡人願安承教。」孟子對曰：「殺人以梃與刃，有以異乎？」曰：「無以異也。」「以刃與政有以異乎？」曰：「無以異也。」曰：「庖有肥肉，廐有肥馬，民有飢色，野有餓莩，此率獸而食人也。獸相食，且人惡之；爲民父母行政，不免於率獸而食人，惡在其爲民父母也？仲尼曰：『始作俑者，其無後乎！』爲其象人而用之也。如之何其使斯民飢而死也。」（梁惠王篇上）。饑饉凶歲，意外災害，政府本應妥籌善策及時振助，俾免死亡流離。若國君乏此仁心，或地方官吏不以災荒實情上報，遇災荒不能振濟，上慢而殘下，此等政府亦難望其人民履行義務盡忠效命也。「鄒與魯鬨，穆公問曰：『吾有司死者三十三人，而民莫之死也。誅之，則不勝誅，不誅，則疾視其長上之死而不救。

如之何則可也？』孟子對曰：『凶年饑歲，君之民老弱轉乎溝壑，壯者散而之四方者幾千人矣。而君之倉廩實，府庫充；有司莫以告，是上慢而殘下也。曾子曰：『戒之戒之，出乎爾者，反乎爾者也。』夫民今而後得反之也，君無尤焉。」（梁惠王篇下）。孟子之保民養民政策，第一在於民生富裕；民生富裕之道，在於重視農業及保護農業。蓋當時社會，尚無工商之可言，政府經濟之來源，人民生活之所資，皆賴農民生產，故而特重農事，鮮及其他也。

第五章 教育

第一節 基礎教育

孔子曰：「弟子入則孝，出則弟，謹而信，汎愛衆，而親仁，行有餘力，則以學文。」（論語學而篇）。易云：「蒙以養正，聖功也。」學記云：「教也者，長善而救其失者也。」教育之功效，在培養人之健全人格。故古人自胎教始，婦人一但妊娠，不聽淫聲，不視惡色，邪味不嘗。蓋胎兒之氣體孕育於母親之氣體，母親之視聽言動，皆足以影響兒女生成之天性，故古人之教育自胎兒開始應有其至理在也。出世兒童漸次成長，爲人兄父者之家庭教育責無旁貸：家有兄在斯爲弟，上有父在斯爲子，若弟子生在舞象舞勺之年，不知教之以正，在其嬉遊之歲，不能導向善端，及至成長受物慾漸染，無惡不作，本可賢可聖之資，致爲愚爲狂之行，弟子之罪咎，未始非兄父之過錯也。詩書禮樂春秋乃六藝之文，文固道德之餘事，以知識之傳授爲次也。儒家教人博學多能，並非不注重知識，惟其特重道德修養，旨在修道以立教，化民而成俗，以促進人類幸福邁向大同之治也。其進修之階梯，莫不以道德爲先。孔子曰：「志於道，據於德，依於仁，游於藝。」（論語述而篇）。至於盡己之性，盡人之性，盡物之性，格致之術，誠正修齊治平之功。事有終始，立道設敎亦有本末焉。「尊德性而道問學。」「率性之謂道，修道之謂敎，道也者不可須臾離也。」（中庸）。「君子務本，本立而道生；孝弟也者，其爲仁之本與？」（論語學而篇）。蓋孔門尊德性，以仁道爲極致，仁道須由愛親敬長爲根本，立敎如此，誠所謂「親親而仁民」是已。

第二節　教育理論

孟子以爲性善本天賦，盡人所具有，非聖賢所獨受也。故曰：「人皆可以爲堯舜」：「徐行後長者，謂之弟，疾行先長者，謂之不弟。夫徐行者，豈人所不能哉？所不爲也！堯舜之道，孝弟而已矣。」（告子篇下）。蓋言人性本善，意謂人人皆有善根，然不能加以培養，則善苗不但不能滋長，且恐日漸枯竭。故曰：「故苟得其養，無物不長；苟失其養，無物不消。」（告子篇上）。敎育之功，爲培養人之善端，使之發榮滋長，擴而充之，止於至善之境，故孟子極爲重視敎育。就敎育之功效論：家庭敎育，學校敎育，社會敎育，有同等重要性。以今時敎育之效果證驗，首重家庭敎育：舉凡頑劣兒童，不良少年，率多生長於問題家庭，尤多由於父母不能以身作則，在孩提之歲，養成不良習性，而父母一味溺愛，終莫知其子之惡也。次論學校敎育：師嚴道尊，向爲我國敎育界同仁所徹曉，無論處常處變，生活環境再難再苦，莫不一本神聖使命，爲培育民族幼苗而犧牲執教。在第二次世界大戰期間我國十萬青年從軍報國壯舉，固由偉大領袖　蔣總統之感召，而我教育界同仁功亦不可沒也。再則社會教育：社會教育乃眞正之實驗教育，人在童年所受父母師長之訓誨，雖拳拳服膺，誠心領會信仰，然而及達壯行之時，不幸適逢世衰道微之秋，涉足社會，得覩時風惡濁，人情險詐，蔑視禮法，捐棄廉恥，是非不分，黑白倒置，視道德如弁髦，法律失其效用，鑽營得勢之徒橫行，忠厚清修之士屈辱。當此之時，除少數賢者守死善道，不同流合汙者外，自然多人被潮流捲入漩渦。於是感覺幼少年所受父母師長之懿訓，而入世皆不切於實用，欲謀現實生活之滿意，不得不洗盡夙年所受之薰陶，而重新向現時社會學習，導致隨波逐流，機變詭謀，習爲當然；鉤心鬥角，爾詐我虞，處處充滿虛僞恐怖之氣氛。社會風氣愈敗壞，家庭學校之教育力量愈微弱，甚至社會教育之魔力能將家庭學校之教育完全呑沒，殊令人不寒而慄也。

第三節　政教合一

一、政教合一是孟子所最重視者，故曰：「善政不如善教之得民也。善政民畏之，善教民愛之。」（盡心篇上）。蓋言教育之功特重於文德感化，而行政之效專務於法規制裁。若由優良教育化民成俗，而民自然感念其風教，愛戴其政府，自然心悅而誠服；倘以完美制度齊民遵行，而民依然信守其政令，畏服其政府，是由於勢迫勉從耳。故孔子曰：「道之以政，齊之以刑，民免而無恥。道之以德，齊之以禮，有恥且格。」（論語爲政篇）。專言政治，勢必以刑法相配合，側重於禁惡而寡恩，施政如此，誠屬消極之治術；兼論德教，自然以情理相感召，並重於導善以貴德，施政如此，實乃積極之功能。蓋言前者而於事後以刑法壓制；後者則於事前施以德教感化，前者或可使民畏服，後者務在使民信仰，其功效自不可以道里計也。

二、孔子曰：「其身正，不令而行；其身不正，雖令不從。」（論語子路篇）。泛論政教之不可分，由至聖孔子此項昭示可見一般。教育之盛衰，不僅在於家庭學校，而各級政府之執政者，若自身荒亡無度，或一味專制武斷，毫無政治道德，貪婪成性，蔑視民情，雖能以仁義道德命令民間，其所令反其所好，豈能使人民服從乎？誠然，試看歷代無道之君，未有不以禮義道德訓令其民者，然己身無道，愈以禮義道德訓民而民怨愈深，民風愈壞，終於不免天下大亂，皆由不能以身作則之故耳。故曰：「堯舜帥天下以仁，而民從之；桀紂帥天下以暴，而民從之；其所令反其所好，而民不從。是故有諸己而后求諸人，無諸己而后非諸人。所藏乎身不恕，而能喻諸人者，未之有也。」（大學）。孟子云：「上無禮，下無學，賊民與，喪無日矣。」（離婁篇上）。又云：「有大人者，正己而物正者也。」（盡心篇上）。在上位者悖禮妄爲，而下民無所師法，則盜竊亂賊斯作，而國危矣。在上者果能以身作則，率民以正，而民未有不正者也。故孔子答季康子問政曰：「政者，正也。子帥以正，孰敢不正。」（論語顏淵篇）。在上者能以仁政德教行道率民，則化行俗美，而民未有不向善者也。是故孔子曰：「君子之德，風；小人之德，草；草上之風，必偃。」（論語顏淵篇）。在上者德化所及，「民蒙其化，則人有士君子之心」，「此五帝三王所以能畫法像而民不違，正己德，而世自化也。」（潛夫論，德化，本訓）。由往古聖哲所論，政教配合化民之功豈不偉與？其教育之配合特爲重要者：

㈠家庭教育　今世專設教育機關，職司各級學校之教政措施，考諸古代人事動態雖較單純，然對教育未嘗疏忽。孟子曰：「后稷教民稼穡，樹藝五穀，五穀熟而民人育。人之有道也；飽食煖衣，逸居而無教，則近於禽獸；聖人有憂之，使契爲司徒，教以人倫：父子有親，君臣有義，夫婦有別，長幼有序，朋友有信。」（滕文公篇上）。時當堯舜之世業已特爲設官進行教育，故云「古之教者，家有塾，黨有庠，州有序，國有學。」（禮記學記）。蓋言人倫之教育，爲一切教育之根本，即爲人之施行教育，必先使之徹曉倫常之道。孟子曰：「謹庠序之教，申之以孝悌之義。」（梁惠王篇上）。又曰：「設爲庠序學校以教之，庠者養也，校者教也，序者射也。夏曰校，殷曰序，周曰庠，學則三代共之，皆所以明人倫也。人倫明於上，小民親於下。」（滕文公篇上）。三代學校定名或有不同，其養老之義爲庠，教民之義爲校，習射之義爲序，學則爲國學，卽最高學府，三代同名。教育內容，文武兼修，總要以明人倫爲立教之主旨。

家庭教育以父兄之責任爲重，蓋人莫不愛其子弟，子之不才，弟之不淑，父兄難以辭其督教疏忽之咎。第以愛之切者責之嚴，諺云「恨鐵不成鋼。」設若慈父兼任師職，於期望過高，責之甚嚴，學業成績不能達其所期，則「繼之以怒」，甚而鞭策箠楚，因之「父子相夷矣」。公孫丑問「君子之不教子，何也？」孟子曰：「古者易子而教之，父子之間不責善，責善則離，離則不祥莫大焉。」（離婁篇上）。又云：「責善，朋友之道也，父子責善，賊恩之大者。」（離婁篇下）。教正責善，偏重理智，親情相處，則主恩愛。倫常之道，父慈子孝，則感於恩而重於情也；師友之義，誘掖規勸，則本乎行而據乎理也。倘以父兄之親，而變爲嚴師畏友之義，棄其恩情，嚴於責善，勢必傷害親情，故曰「賊恩之大者。」意在家庭教育須側重於愛情涵濡、義方化導，保全父兄子弟天倫恩情之完美。然而父兄若對子弟抱放任態度，或一味溺愛，舐犢情深，養而不教，聽其自然發展，或者以爲子弟天性頑劣，生成不肖，不可教也；以爲如斯愚魯，終難成才，遂而棄之若遺。大抵不肖之父兄，對子弟多持放縱之態度，蓋以其己身行爲不正，不能作子弟之榜樣，固無論矣。若父兄本賢，仍對子弟不能盡其教育之責，亦與不肖之父兄無以異也。是故孟子論之曰：「中也養不中，才也養不才：故人樂有賢父兄也；如中也棄不中，才也棄不才；則賢不肖之相去，其間不能以寸。」（離婁篇下）。中卽中正，指品德而言；才謂天才，指智能而言。「玉不琢，不成器，人不學，不知道。」（禮記學記）。子弟雖賢，亦必施之以教育成其賢；子弟不賢，又不能以教育化其冥頑，則子弟之賢者，固可賴父兄之教養以培育其完美品德；若子弟不賢，而父兄又棄置不以教育補救，勢必愈趨下流，導致無可救藥之境地。倘不幸而家出愚劣子弟，賢父兄自亦更盡教育之責，惟冀化頑梗爲良善。其所云「養不中，養不才。」養者，培育扶植之義也。蓋言父兄雖不適於兼任嚴師，然亦必須以義方善盡引導之責，終必使之接受教育，庶幾化桀驁爲馴良也。

(二)環境教育　「近朱者赤，近墨者黑。」（傅玄箴）。孟母三遷教子，擇鄰而處，惟恐習染其不善也。「與善人居，如入芝蘭之室，久而不聞其香，卽與之化矣。」（家語）。孟子亦嘗言教育環境之重要，孟子曰：「矢人豈不仁於函人哉！矢人惟恐不傷人，函人惟恐傷人。巫匠亦然。故術不可不愼也。孔子曰：『里仁爲美；擇不處仁，焉得智。』夫仁，天之尊爵也，人之安宅也。莫之禦而不仁，是不智也。」（公孫丑篇上）。習藝且然，技術不可不慎，況百年樹人之大計乎？擇里而不處仁固不得謂之智也，然而仁乃吾人性分中之固有，天賦至尊貴之爵位，最平安之住宅，無人阻止吾人之爲仁，竟有人不幸而不爲仁，是誠不智也。又如孟子自范之齊，望見齊王之子，喟然歎曰：「居移氣，養移體，大哉居乎！夫非盡人之子與？王子宮室車馬衣服多與人同，而王子若彼者，其居使之然也。況居天下之廣居者乎！魯君之宋，呼於垤澤之門，守者曰：『此非吾君也，何其聲之似我君也？』此無他，居相似也。』（盡心篇上）。蓋言人居處奉養之不同，而神氣體態自亦因之而異；若能居天下之廣居，立天下之正位，其身心之發於外者更可想而知矣。復舉例云：「有楚大夫於此，欲其子之齊語也；一齊人傅之，衆楚人咻之；雖日撻而求其齊也，不可得矣。」（滕文公篇下）。「良冶之子，必學爲裘；良弓之子，必學爲箕。」（禮記學記）。耳濡目染，教育環境關係甚大；家庭環境，學校環境，社會環境，皆能影響教育。所謂「蓬生麻中，不扶而直。」（荀子勸學篇）。蓋人雖有善性，若在青少年時期，血氣未定，信道不篤，置身於藏垢納汙之藪，欲其不受薰染，誠非易事。然人雖有惡性，若所處者皆爲良師益友，所見者盡屬善行義舉，於無形之中潛移默化，漸久亦必變其氣質。故居處設教不可不擇環境、明矣。

㈢師法之功　「天佑下民，作之君，作之師。」（書泰誓）。「師者，人之模範也。」（法言學行）。「出則有師，師也者，教之以事而喻諸德者也。」（禮文王世子）。「古之學者必有師，師者，所以傳道授業解惑也。」（韓愈師說）。蓋人必有爲人之道，「人不學，不知道。」敎師爲國家作育人才，其使命至爲神聖，責任最爲重大。而傳道、授業、解惑，薪火相傳，誠不朽之盛事，故爲人師者，當本學不厭敎不倦之精神傳授其道學，以執敎爲最樂之任務。孟子曰：「君子有三樂，而王天下不與存焉。父母俱存，兄弟無故，一樂也。仰不愧於天，俯不怍於人，二樂也。得天下英才而敎育之，三樂也。」（盡心篇上）。濟濟多士，受我啓導。桃李蔚然，春華秋實，各有成就，已足樂也。況於莘莘學子中必有英傑超羣之士，或爲王佐之輔；或作棟樑之材，安上而全下，匡時以濟世，皆爲傳我之衣鉢而行我之道者，誰云非天下之一至樂之事乎？然師者，爲國家所尊重，乃民族所寄託，第以「經師易遇，人師難遭。」倘杏壇不幸狂妄之徒溷儕其間，言論荒謬，背馳聖道；行爲乖張，蔑棄大義，「世衰道微，邪說暴行有作……作於其心，害於其事；作於其事，害於其政。」（滕文公篇下）。觀近世之國家民族所遭浩刧，此輩敎師能不負其責乎？師長本宜敎之以行事，喻之以品德。倘不幸假傳道之便，而以邪說蠱惑，名之曰栽培裁成者，適足以敗壞摧殘也。故孟子曰：「人之患，在好爲人師。」（離婁篇上）。若爲人師表者，學之不講，德之不修，不知國脈民命付託之重，僥倖而爲人師，身懷自足之心，不復有進取之志，不行正道，誤人子弟，豈非國家民族之罪人乎？

㈣機會教育　「大學之法，禁於未發之謂豫，當其可之謂時，不陵節而施之謂孫，相觀而善之謂摩。」（禮記學記）。孟子曰：「君子之所以教者五：有如時雨化之者，有成德者，有達材者，有答問者，有私淑艾者：此五者，君子之所以教也。」（盡心篇上）。凡事豫則立，教學之道亦然，尤其機會教育更爲重要，因材而施，舉其善者相互觀摩，皆爲教師授業運用之術也。又如學子已有相當修養，尙未能進入道德佳境，學問已達初步造詣，但未得臻於完美，適經良師予以開導，其心境之有所扞格者頓感浹洽矣，儼如時雨之霑潤草木，發榮滋長，而各展其抱負。完成其功業。其德性天賦獨厚者，則教之成爲高潔純渥之士，使之樂天崇道，以厲澆漓。長才固不可以短馭，鴻鵠之志焉能以燕雀喻之？因其高大之趣向，以通顯其才識。或有慕義望道之士前來請教者，則就其所問爲之解答以釋其疑惑。或爲地域所限，時代相隔，雖未親炙受教，而中心傾慕其道德文章，私淑善行因而受其感化者，偉大教育家，不僅功在當時，抑且澤及後世也。

㈤教亦有術　蓋天下之爲人師者，未有不望其弟子向至善之境地進修也；但人之禀賦各異，難於皆使逮夫聖賢；是故孔子曰：「不得中行而與之，必也狂狷乎：狂者進取，狷者有所不爲也。」（論語子路篇）。得天下英才而敎，固屬至樂，惟豪傑之士，嘗不世出，能得行乎中道之人才，受我教導，成蓋世之才俊，爲最所希望者也。然中上之資又不可必得，故不得不求其次也。志向高大勇於進修者，嚴於律己非禮不爲者，能得良師善於教導，仍可向中道而行有所成就也。孔子答魯哀公問政曰：「或生而知之，或學而知之，或困而知之：及其知之一也。」（中庸）。天資清明，氣稟純粹，而無一毫渣滓，性成生知安行，不待學而能，此堯舜資質也；次則亞於生知者，必待學而後知，必待行而後致也；又其次者，資稟既偏，昏濁所蔽，既須痛下苦功，得一善則拳拳服膺，牢記心懷，聞斯行之，人一己百，人十己千，似此勇於進取之精神，雖屬困知勉行，及其成功，並無不同矣。冉求謂孔子曰：「非不說子之道，力不足也。」孔子曰：「力不足者，中道而廢；今女畫。」（論語雍也篇）。公孫丑謂孟子曰：「道則高矣美矣，宜若登天然，似不可及也；何不使彼爲可幾及，而日孳孳也？」孟子曰：「大匠不爲拙工改廢繩墨，羿不爲拙射變其彀率。」（盡心篇上）。又曰：「羿之教人射，必志於彀，學者亦必志於彀。大匠誨人，必以規矩，學者亦必以規矩。」（告子篇下）。果眞說道勇於進取者，羡之於羹，晤之於牆，何患力之不足哉？乃言非不說子之道爲託辭耳。故夫子謂其猶如畫地以自限也，仍合激發之義矣。聖賢教人爲學以進修之法，猶如大匠之引繩削墨教其弟子以規矩爲圓爲方也，倘弟子愚魯不能中規中矩，斷乎非繩墨之不直而規矩之不能爲方爲圓也。是誠弟子之不才，而非繩墨之有誤，故云不爲拙工改廢繩墨也。羿教人射，亦必有不可移易之法，彀率爲彎弓之限度，不爲弟子力薄手拙，而減少彎弓之限度。自古立道設教，皆有不可變易之方針，教術固多，標準要求則一也。孟子取譬至為明顯，掌教者豈可忽諸？

㈥啓發教育　「苦其難而不知其益也，雖終其業，其去之必速。」（禮記學記）。蓋言教學必先引發其興趣，方能預期其效果，若一味灌注，則教者費盡心力，而學者枯澀乏味，雖然終其課授學業，則茫然無所得也。孟子曰：「君子深造之以道，欲其自得之也；自得之，則居之安；居之安，則資之深；資之深，則取之左右逢其源；故君子欲其自得之也。」（離婁篇下）。君子依循大道深入鑽研，漸積力久，涵濡深奧，優游饜飫，存養省察，心領神會，使其出之自動，毫無淺浮迫從之感，及至自得於己，而大道在躬，所資之本，無所往而不為我所用，體用兼賅，左右俱宜，安然處之，而無𩨷𩨷之虞矣。教人治學當以此法是務也。教育攸關國家民族之盛衰，修習之課程編訂固應審愼；教學方法亦須及時研究改進，孟子曰：「教亦多術矣；予不屑之教誨也者，是亦教誨之而已矣。」（告子篇下）。怠惰而不前進，違禮而不率教，則用不屑教誨之法，激發其反省自覺，如宰予晝寢。孔子曰：「朽木不可雕也；糞土之牆，不可杇也；於予何誅！」（論語公冶長篇）。蓋言見其志氣消沉，精神昏惰，非痛加責斥，不足以激發其振作也。朽木不可雕，糞土之牆不可杇以為喻，極言其志氣昏惰而教無所施也。不足責，而實所以深責之，其言固屬激厲，誠勉用心誠良苦矣。

蓋人之天資各異，長於習文學者，未必長於習數理，宜於學軍事者，未必宜於學政治，倘對某種學科非其志趣，勉強使之攻習，正所謂「敎人不盡其材，其施之也悖，其求之也拂。」（禮記學記）。以此施敎，徒勞無功。遠在春秋時代，孔子門下弟子，傑出人才已列四科，而人類進化已至今日，其學科千百倍於往古，除基本學科必須修習者外，最好順其志趣施敎，俾免埋沒人才，況人才之埋沒，遠勝於物質之糜費，富國之道，物質且不宜糜費；而況人才由天降乎？或爲政治家；或爲經濟家，或爲敎育家，或爲軍事家…莫不由敎育而培植之，倘敎育不以其道而告失敗，則國家建設，民族生命何所寄託乎？「發然後禁，則扞格而不勝，時過然後學，則勤苦而難成，雜施而不孫，則壞亂而不修。」（禮記學記）。孔子曰：「不憤不啓；不悱不發；舉一隅不以三隅反，則不復也。」（論語述而篇）。不能因勢利導；不能善自啓發，乃敎育失敗之主因，故先師孔子設敎，首先明察學生之誠意，深知勉強施敎，勢必扞格而不入，不能適時敎學，則必徒勞而無功，躐等以求進，則必凌亂而失序。憤悱乃誠意求敎之表現，意不誠必不至於憤悱也，所謂誠於中者形於外，於是施敎而啓發之，亦能因此以識彼，觸類而旁通，舉一而反三，孔子敎人，雖有消極責斥，仍含積極之勉勵也。

(七)因材施敎　耳提面命，敎固多術，然由學而能德成名立者，莫不由己專心致志、及時惕厲有以致之。「善學者，師逸而功倍，又從而庸之；不善學者，師勤而功半，又從而怨之。」（禮記學記）。孟子曰：「梓匠輪輿，能與人規矩，不能使人巧。」（盡心篇下）。爲師者須要瞭解學生宜於修習某種學科，進而亦須瞭解其求教之心意是否眞誠，始克及時予以指導，方不致有所偏頗；而學生亦須專心求學，誠意受教，「使人不由其誠，教人不盡其材，其施之也悖，其求之也拂。」（禮記學記）。復戒學者不可躐等而進，好高騖遠，孟子曰：「源泉混混，不舍晝夜；盈科而後進，放乎四海：有本者如是，是自取爾。」（離婁篇下）。又曰：「流水之爲物也，不盈科不行。君子之志於道也，不成章不達。」（盡心篇上）。蓋言學者進修自應循序漸至，若是躐等陵節，妄想干譽，卒歸於無所得也。

㈧學貴有恒　世之學者，率多始勤終怠，忽作忽輟，治學不能持之以恒，卒至功虧於一簣。孟子曰：「有爲者辟若掘井，掘井九軔而不及泉，猶爲棄井也。」（盡心篇上）。言學者必日新而不失，精進於不已；「日知其所亡，月無忘其所能。」孜孜不倦，漸進有成，若半途而廢，則前功盡棄，孟子謂高子曰：「山徑之蹊間；介然用之而成路；爲間不用，則茅塞之矣，今茅塞子之心矣。」（盡心篇下）。乃言心存義理，自然靈明，偶而間斷，邪慾復萌。治學應有恒心，不可時勤時惰，一暴十寒，若使心田荒蕪，思想閉塞，則學業難乎精進矣。心爲一身之主，若能存持勿失，則志氣清明，義理昭著，自能下學而上達，學問思辨之功，皆繫於心靈之運用，如果「心不在焉：視而不見，聽而不聞，食而不知其味。」（大學）。遑論學問思辨也？即言：惻隱、羞惡、恭敬、是非等仁義理智之善端，皆莫不由乎一心而發，倘此虛靈不昧之心不能以恒存持，邪慾乘隙，善端消失。孟子曰：「仁、人心也；義、人路也。舍其路而弗由，放其心而不知求：哀哉！人有雞犬放，則知求之；有放心，而不知求。學問之道無他，求其放心而已矣。」（告子篇上）。心為一身性命之主宰，蓋人之至貴重者莫若心也；雞犬乃人身外之物，與人之心比較，至輕微莫若雞犬也。雞犬逃失則知追回；本心放棄不知尋求，何愛其至輕而忘其至重者哉？是誠弗思而已矣。

孟子以人性皆善，主張天賦平等，「修其天爵，而人爵從之。」「窮則獨善其身，達則兼善天下。」教育與政治並重，社會教育、學校教育、家庭教育三位一體，緊密配合，陶養健全之國民，建設富強之國家，端賴教育之功也。

第六章　道德論

第一節　道德大義

道者理也，謂一定之理，猶道路爲人所共由者也。故韓昌黎原道云：「由是而之焉之謂道。」孟子曰：「夫道若大路然。」（告子篇下）。蓋言道猶人共行之大路，卽爲人所必遵行之定理也。是故中庸云：「道也者，不可須臾離也。」「德也者，得於身也。」（禮記鄉飲酒）。朱子注論語解釋德字云：「德之爲言得也，行道而有得於心也。」（爲政篇）。「德者，性之端也。」（禮記樂記）。韓昌黎原道云：「足乎己，無待於外之謂德。」尙書皐陶謨九德：「寬而栗，柔而立，愿而恭，亂而敬，擾而毅，直而溫，簡而廉，剛而塞，彊而義。」周禮大司徒敎萬民以六德：「知、仁、聖、義、忠、和。」「道德仁義，非禮不成。」（禮記曲禮）。「道，多才藝；德，能躬行。」（周禮）。「道生之，德畜之，是以萬物莫不尊道而貴德。」（老子）。諸德之目，經緯萬端，統言道德，大則包羅萬事，小則人之才藝善行莫不兼賅而並舉也。

一、道德之要　孟子以人各禀賦仁義理智四端之性，此四端之性猶如人之四體，人當善養此性，發揮此性，擴充此性，果能以至誠窮理盡性，「則能盡人之性；能盡人之性，則能盡物之性；能盡物之性，則可以贊天地之化育。」（中庸）。推行道德仁義，進而匡時濟世，修己治人，安上全下，爲人類之共同保障，孟子曰：「仁，人之安宅也；義，人之正路也。曠安宅而弗居，舍正路而不由：哀哉！」（離婁篇上）。道德仁義，各本天賦，人之爲人，無論何等階層，若是一切行爲違反道德仁義，無異是自取滅亡。孟子曰：「天子不仁，不保四海；諸侯不仁，不保社稷；卿大夫不仁，不保宗廟；士庶人不仁，不保四體。」（離婁篇上）。蔑棄道德招致惡果者，古今一轍，顯而易見。四體不保，辱戮身亡，豈非爲人大可悲哀之事乎？又曰：「苟不志於仁，終身憂辱，以陷於死亡。」（離婁篇上）。憂辱死亡，是人之所惡也，若不居仁由義而違棄道德，是猶惡濕而居下也。是故孟子曰：「惻隱之心，仁之端也；羞惡之心，義之端也；辭讓之心，禮之端也；是非之心，智之端也。人之有是四端也，猶其有四體也。有是四端而自謂不能者，自賊者也。」（公孫丑篇上）。仁、義、禮、智、心之體也；惻隱、羞惡、辭讓、是非、心之用也。有是體本應有是用，亦即良知與良能也，本乎良知良能去行事卽爲道；行此良知良能見諸功效之謂德。道德仁義之於人生須臾不可離也。

二、道德之目　道則本有一貫之義，宋明儒者嘗言之矣。「忠恕違道不遠，施諸己而不顧，亦勿施於人。」（中庸）。推解其含義，與大學所云「所惡於上，毋以使下；所惡於下，勿以事上」相貫通，即「絜矩」之道。孔子告仲弓問仁云：「己所不欲，勿施於人；在邦無怨，在家無怨。」（論語顏淵篇）。蓋人果能本乎恕道而行，無論處社會處家庭，自無怨尤，而行仁之德目包括甚多，舉凡「父慈，子孝，兄良，弟弟，夫義，婦聽，長惠，幼順，君仁，臣忠，十者謂之人義。」（禮記禮運）。人際關係之範圍至廣，由博反約則言忠恕，孔子曰：「躬自厚，而薄責於人：則遠怨矣。」（論語衞靈公篇）。人無論在社會在家庭，在能嚴以律己，寬以待人，況我愛人，人必愛我；我敬人，人必敬我；人同此心，心同此理，則國家社會一片祥和，果能行此公道公德，大同之世自可預期也。愚讀論語都四百八十二章，所載德目「仁、義、禮、智、孝、弟、忠、恕、溫、良、恭、儉、讓、信、剛、勇、謹、和、清、直」等。孟子曰：「仁也者，人也。合而言之，道也。」（盡心篇下）。蓋言仁即爲人之理；人本諸仁以行仁，即謂之道，亦足證明仁本人人所稟賦而不假外求者也。孔子以仁爲諸德之源，故曰：「仁者人也。」（中庸）。含義即謂人之進修，須臾不能去仁，孔子曰：「君子去仁，惡乎成名。君子無終食之間違仁，造次必於是，顛沛必於是。」（論語里仁篇）。立身志於仁之境界，則心安理得，不憂不懼，富貴不足動其心；貧賤不能移其志，孟子曰：「夫仁，天之尊爵也，人之安宅也。」（公孫丑篇上）。享天賦之尊榮，居天賜之安宅，人類之可貴者在此，人生之意義亦在此，孟子曰：「君子亦仁而已矣。」（告子篇下）。

第二節　道德之實

孔子曰：「天下之達道五，所以行之者三。曰：君臣也，父子也，夫婦也，昆弟也，朋友之交也：五者，天下之達道也；知仁勇三者，天下之達德也。」（中庸）。孟子曰：「仁之實，事親是也。義之實，從兄是也。」（離婁篇上）。仁主於愛，而莫切於事親，親親爲人當然應盡之孝道，愛人爲人當然應具之心德，「不愛其親而愛他人者，謂之悖德。」（孝經）。能愛其親，始能推己以及人，「老吾老，以及人之老」，由親以及疏，擴而充之，以至於「親親而仁民；仁民而愛物。」（盡心篇上）。又曰：「仁者無不愛也。」「仁者以其所愛，及其所不愛。」（盡心篇下）。蓋言無不愛，卽所謂博愛，博愛由親親推而至於仁民，由仁民而至於愛物也。故韓昌黎原道云：「博愛之謂仁，行而宜之之謂義。由是而之焉之謂道，足乎已無待於外之謂德。」又云：「吾所謂道德云者，合仁與義言之也。」由仁義行而有得於己者，乃道德之實也。

一、仁道於人　仁在人之性分中，求則得之，推己及人，仁卽至焉。孟子曰：「強恕而行，求仁莫近焉。」仁爲行道之本，近取諸身可得也，孔子曰：「夫仁者：己欲立而立人；己欲達而達人，能近取譬，可謂仁之方也已。」（論語述而篇）。修己治人，自立立人，自達達人，亦卽推己及人之義也。以己之所欲，譬之他人，知他人之所欲亦猶乎己之所欲也。言仁者之心亦可以己之所不欲，而知他人之所不欲，施諸己而不願，亦勿施於人，則恕道立而仁術適於用矣。孟子曰：「人皆有所不忍，達之於其所忍，仁也；人能充其無欲害人之心，而仁不可勝用也。」（盡心篇下）。仁者以其所愛，及其所不愛；推其所不忍，以達於其所忍，卽能充滿無欲害人之心境，故仁者以仁存心，則所施之德惠無窮矣。按推廣仁德而論則爲博愛，亦卽孟子所云：「仁者愛人。」然愛人之範圍廣矣，舉凡能惠澤人類之一切行爲皆謂愛人，孟子曰：「禹思天下有溺者，由己溺之也；稷思天下有飢者，由己飢之也。」（離婁篇下）。蓋言禹稷委質以事舜，而各以身任拯溺救飢之責，視斯民之有溺有飢者，猶己使之溺飢也，是以拯救如是其急耳。又云：「思天下之民，匹夫匹婦有不被堯舜之澤者，若己推而納之溝中。」（萬章篇上）。在高位者以仁愛之德，行仁愛之政，澤被生民，而功施社稷，民人受此實惠，未有不衷誠感念者，「民心無常，惟惠之懷。」（書蔡仲之命）。孟子曰：「舜以不得禹，皐陶爲己憂，爲天下得人者謂之仁。」（滕文公篇上）。悲天憫人，先憂後樂，與人爲善，相得益彰。致君爲堯舜之君，澤民爲堯舜之民，文王訪賢，不遺釣渭之叟；湯王慕士，下聘耕莘之農。仁君用人惟賢，故能普惠羣黎，堯傳舜，舜傳禹，後世蒙休，千古沾化。人之求仁甚易，爲仁由己，卽在我心，孔子曰：「仁遠乎哉？我欲仁，斯仁至矣。」（論語述而篇）。仁道亦至廣大，煦煦不足以爲仁；如子貢請問孔子曰：「如有博施於民，而能濟衆，何如？可謂仁乎？」孔子答曰：「何事於仁，必也聖乎？堯舜其猶病諸！」（論語雍也篇）。言人之求仁而便得仁，其仁之範圍先立乎己身；人之行仁亦卽得仁，其仁之範圍當在於天下。「一夫不獲，則曰是予之辜。」（書說命）。「其爾萬方有罪，在予一人。」（湯誥）。天道仁德，「放之則彌六合，卷之則退藏於密。」有爲有守，可近可遠，見微知著，性分中之定理不可易也。

二、仁與義合　言仁多兼及義，仁固爲諸德之基；德若棄仁，必爲凶德；仁若去義，或作私仁。不惟親親仁也，舉凡三達德，五達道，六德、十義等德目，無一不是發源於仁道，然須配義以行之，方不至兼愛而有所偏私。蓋義爲人生當然應盡之理，一切行爲必由之路。故禮記昏義云：「夫婦有義而后父子有親。」左傳有云「子之義，大夫之義。」「父義、母義，兄友、弟恭、子孝。」（國語周語所載五義）。孟子謂「父子有親，君臣有義。」「敬長義也。」韓昌黎原道云：「行而宜之之謂義。」今人服務社會，凡所當爲之事皆曰義務，進而曰義無反顧，義不容辭，殆此義也。孟子曰：「生我所欲也；義亦我所欲也。二者不可得兼，舍生而取義者也。」（告子篇上）。本乎道德行事，欲其恰乎其當，不致矯情干譽，固須義以行之，是故中庸云「義者宜也。」義對己而言，一切要有權衡限制。簡言之，仁是對人，義則對己，春秋繁露云：「仁之法在愛人不在愛我，義之法在正我不在正人。」善善惡惡之心，人所同有，盜竊亂賊，人皆知其爲可恨可恥之事，苟能推此心以制裁自己之行爲，則義沛然充乎其心，則不至趨於邪惡矣。孟子曰：「人皆有所不爲，達之於其所爲，義也。人能充其無穿窬之心，而義不可勝用也。」（盡心篇下）。義爲自身對外所秉持之法度，爲天下共同制裁事物之標準。易坤卦云：「直其正也，方其義也，君子敬以直內，義以方外。」對人處事皆合法度標準，人人 守法度標準，即是「公德」「正義」。天下之人若能各守正義，則人我之分已明，則互相詐欺侵越之事絕矣。孟子曰：「非其有而取之，非義也。」（盡心篇上）。禮記表記云：「仁者，天下之表也；義者，天下之制也。」言仁之體大而貴博，施之在人，故曰天下之表也；義之體方而尚嚴，制行在我，故曰天下之制也。仁本慈惠之德源，然慈惠失當，則仁義俱喪矣。非其義而施之仁，第恐助紂以爲虐，爲虎而傳翼，第恐與一人一物之惠，造成大衆之害，故爲聖賢所不取也。孟子曰：「可以與，可以無與；與傷惠。」（離婁篇下）。仁固可貴，須義輔之，孟子曰：「非其義也，非其道也，一介不以與人，一介不以取諸人。」（萬章篇上）。父不仁，則必不能慈，子不仁，則必不能孝……

……以此類推，固皆爲仁之端也。若以人我權衡其倫，則其中之義至爲昭明，其嚴正不可不相互配合以爲用也。

三、居仁由義　泛論仁義，故曰「親親仁也，敬長義也。」又曰「惻隱之心，仁之端也；羞惡之心，義之端也。」孔子設教首重孝道，「夫孝德之本也，教之所由生也。」（孝經）。孝爲仁道之本，由孝道擴而充之卽可發揚一切美德，中庸云：「舜其大孝也與！德爲聖人，尊爲天子。」孝道之要，不僅養親而已也，進而發揮孝弟之道以化天下，「立身行道，揚名於後世，以顯父母，孝之終也。」（孝經）。「孝弟也者，其爲仁之本與？」（論語學而篇）。倫常道德，概由仁義行之，亦卽發揚人類固有之善性，對己而言，保持此善性有時重於生命，故曰「殺身成仁，舍生取義。」對人而言，孝弟發自善性，由此仁義之德擴而充之，由父母之愛，推而至於人羣之愛；由家庭之愛，推而至於社會之愛，「愛人者，人恒愛之；敬人者，人恒敬之。」（離婁篇下）。彼此仁愛，互相禮讓，此人類共同幸福，故曰「人人親其親長其長，而天下平。」反之，若斲喪天性，蔑棄道德，則必自食惡果，孟子曰：「殺人之父，人亦殺其父；殺人之兄，人亦殺其兄：然則非自殺之也，一間耳！」（盡心篇下）。太甲曰：「天作孽，猶可違，自作孽，不可逭。」自陷於死亡，自殺其父兄，此行，「則與禽獸奚擇哉？」書泰誓云：「惟人萬物之靈。」孟子以道德仁義之說爲天下倡，其紹至聖以冀世於大同，用心之苦可見之矣。孟子贊孔子爲「聖之時者也」，孟子道德仁義之論，一本中庸大道，人我之分不偏不倚，故孟子曰：「非禮之禮，非義之義，大人弗爲。」（離婁篇下）。又云「今有同室之人鬬者，救之，雖被髮纓冠而救之，可也。鄉鄰有鬬者，被髮纓冠而往救之，則惑也，雖閉戶可也。」又如答淳于髡曰：「男女授受不親，禮也；嫂溺援之以手者，權也。」（離婁篇上）。凡事之輕重緩急，尊卑親疏，莫不使合乎義理，絕不固執失於偏頗，故云「取食之重者與禮之輕者而比之，奚翅食重！」（告子篇下）。墨子之不惜摩頂放踵以利他人，莊子評曰：「以此教人，恐不愛人；以此自行，固不愛己。」（天下篇）。天性有至公之道存焉，若失却公道，不近人情，薄己以拂人性，卽與仁義道德悖謬矣。孝爲人之至德要道，敎之所由生，「自天子至於庶人，孝無終始，而患不及者，未之有也。」又曰：「天之經也，地之義也，民之行也。」曾子請問孔子「子從父之令，可謂孝乎？」孔子答曰：「是何言與！是何言與！父有諍子，則身不陷於不義。故當不義，則子不可以不諍於父，從父之令，又焉得爲孝乎？」「孝經）。天經地義之孝道，且須權衡以行之，蓋犧牲小我，成全大我，實踐仁義道德，誠可謂豪傑之士矣。孟子曰：「可以死，可以無死，死傷勇。」（離婁篇下）。若爲正義而犧牲，殺身以成仁，「臨難毋苟免」。（禮記曲禮）。固其所也。如仲由之明知不可，故意犯難，致遭殺身，未免輕生而不知命也。孟子曰：「伯夷非其君不仕，非其友不友；不立於惡人之朝，不與惡人言；立於惡人之朝，與惡人言，如以朝衣朝冠，坐於塗炭。推惡惡之心，思與鄉人立，其冠不正，望望然去之，若將浼焉。」柳下惠不羞汙君，不卑小官；進不隱賢，必以其道；遺佚而不怨，阨窮而不憫。故曰：『爾爲爾，我爲我；雖袒裼裸裎於我側，爾焉能浼我哉！』孟子曰：「伯夷隘，柳下惠不恭；隘與不恭，君子不由也。」（公孫丑篇上）。蓋言心德純全之君子，惟以中和之道是務，孟子之道德觀，以性善爲發端，居仁由義，行而必合乎中庸之道也。

第七章　涵養論

第一節　養　氣

浩然之氣，在於善養，如何養成？而能於俯仰之間無愧無怍，則須依乎仁心之當然以處事，結合道義之定理以接物，心性健全，萬物萬理肆應無所疑憚，孟子曰：「我知言，我善養吾浩然之氣。」又曰：「其爲氣也，至大至剛；以直養而無害，則塞于天地之間。其爲氣也，配義與道；無是，餒也，是集義所生者，非義襲而取之也。行有不慊於心，則餒矣。」（公孫丑篇上）。孟子謂人性無有不善，盡心足以知性，存心始可養性，故君子始能反身而誠，強恕而行。無如世事之萬端雜頭，詭譎多變，置身其中，若能不惑，不憂、不懼，養成至大至剛，充塞天地之浩然正氣，誠非偶然之事，若不循乎直道而行，賊仁害義，自反而不縮，自必氣餒矣。磅礴浩然之正氣，是能居仁由義以應萬事而養成者，斷非由外勢之所迫，禮法之所拘，或間接被動而倡行善事所可能致者也。蓋浩然之氣之善於養致者，乃以仁義禮智之善性存於心，一如道德積於中者，而英華自發於外也。是誠所謂「由仁義行，非行仁義也。」（離婁篇下）。

第二節　心性

孟子時將心性合幷立論，宋儒則多將心性分別解釋，張橫渠云：「心純性情者也。」邵康節云：「性者，道之形體也，心者，性之郛郭也。」朱元晦云：「靈明處只是心，不是性，性只是理。」又云：「性便是心所有之理，心便是性所會之地。」宋儒有時亦將心性混合言之，程伊川云：「在天爲命，在義爲理，在人爲性，主於身爲心，其實一也。」朱子云：「性卽理。」陸象山云：「心卽理。」若按此說，則心性皆爲理，只其名異而已。以道義而言心性，則相輔相成，並無軒輊，可謂心卽理，亦可謂性卽理。性與生命體軀以俱來，心隨知覺靈明而同至。理寓於性中，未發之謂性；心附於性內，已發乃可言心，心性相互爲用，難於強爲之介分也。本諸善性而發者，卽爲良心，能竭盡此良心而無餘，謂之盡心；能堅持此良心而勿喪，謂之存心。惟能盡心知性，存心養性，方可本神明之至德，天理之道義，培養此善性而達於至高明之境界。孟子曰：「盡其心者，知其性也；知其性，則知天矣。存其心，養其性，所以事天也。」（盡心篇上）。孟子所言之善性良心，含義相同，而論及養心養性皆以仁義爲基本，孟子曰：「牛山之木嘗美矣；以其郊於大國也，斧斤伐之，可以爲美乎？是其日夜之所息，雨露之所潤，非無萌蘖之生焉；牛羊又從而牧之，是以若彼濯濯也，人見其濯濯也，以爲未嘗有材焉：此豈山之性也哉！雖存乎人者，豈無仁義之心哉？其所以放其良心者，亦猶斧斤之於木也。旦旦而伐之，可以爲美乎？」（告子篇上）。孟子言人各具天然之善性良心者，猶牛山天然生有草木也，牛山之木本甚盛美，第其酷遭砍伐摧殘，遂致童山濯濯，豈是此山之本性，孟子取譬牛山之木嘗美，亦猶人之本有良心者然。若自甘下流，怙惡不悛，是猶斧斤之於木，旦旦而伐之，未有不絕其根本者；何有盛美之可言歟？又云：「其日夜之所息，平旦之氣，其好惡與人相近也者幾希；則其旦晝之所爲，有梏亡之矣；梏之反覆，則其夜氣不足以存；夜氣不足以存，則其違禽獸不遠矣。」（同上篇章）。昧却良心，反道悖德，其善性自已不復存乎其心矣，惟當夜深神氣清明之際，捫心自問，日間之所爲，而有不能愧悔悔於心者，此時亦與常人相差無幾矣。然而及至白晝，爲私慾所蔽，故態復萌，依舊昧心妄爲，摧殘其善性，平旦清明之氣不能保存，則良心泯滅，善性喪失，而則近於禽獸矣。

第三節　習性

孟子以人類善性出自天然固有，而人能爲善，亦能爲惡何也？則在於習耳。若能專心爲善，久而成習，則善習與善性相融會，保持善性而弗失；倘恣意爲惡，久而成習，則惡習與惡性相結合，形成惡性而難改。孔子云：「性相近也，習相遠也。」（論語陽貨篇）。書云：「習與性成。」（太甲）。孟子曰：「故苟得其養，無物不長；苟失其養，無物不消。孔子曰：『操則存，舍則亡；出入無時，莫知其鄉。』惟心之謂與！」（告子篇上）。驗之於人性，習於善則善，習於惡則惡，其修持涵養之功，誠不可沒也。人之心性修養最宜戒愼，方不致流於惡習，而汚染善性。尤須明辨是非，善善而惡惡，孔子云：「見善如不及，見不善如探湯。」（論語季氏篇）。雖知修養之要，然而昨日發一善念，今日現一惡行，昨是今非，善惡相抵，良心善性，如曇花一現，仍歸於消滅矣。故孟子曰：「雖有天下易生之物也，一日暴之，十日寒之，未有能生者也。」（告子篇上）。言人雖有善根，若時而修養之，時而斲喪之，未有不歸於消亡者矣。

第四節 義理

物慾之性與義理之性，皆稟受於天，孟子何以重視理性而輕視慾性？何以主張善養理性，而不主張善養慾性？蓋義理之性純粹良善；物慾之性易致邪惡。良心善性愈擴大，則人類之幸福愈充實；邪惡物慾愈放恣，則人類之生路愈凶險。縱慾則易，爲善則難；難能者乃可貴，善性如琪花，必須善加培養；始能大放異彩；慾性如野草，若不加以制裁，勢必荒穢其心田，義理之性，爲人生至高之價値，故孟子曰：「今有場師，舍其梧檟，養其樲棘，則爲賤場師焉。」（告子篇上）。「惟人萬物之靈。」（書泰誓）。人之可貴者，以其獨具義理之性也，倘若迫人過一般動物之生活，舍棄義理而不顧，則寧死亦不欲苟活也。孟子曰：「生，亦我所欲也；義，亦我所欲也。二者不可得兼，舍生而取義者也。」（告子篇上）。宋葉夢鼎云：「生死事小，廉恥事大。」故孟子曰：「一簞食，一豆羹，得之則生，弗得則死，嘑爾與之，行道之人弗受；蹴爾與之，乞人不屑也。」（告子篇上）。中華民族以道義爲之根，在大義與生命抉擇之下，往往舍生而取義；心爲一身之主宰，具衆理而應萬事，在靈明辨別之際，每每殺身以成仁。孟子以耳目之官爲「小體」，心之官爲「大體」，孟子曰：「從其大體爲大人，從其小體爲小人。」（告子篇上）。人若蔑棄禮義，貪惏縱慾，靦顏無恥，此之謂失其本心。故孟子曰：「養其一指而失其肩背而不知也，則爲狼疾人也。」（告子篇上）。

第五節　養　心

孟子嘗言心德之存養，內則寡欲，則外物不能奪，行爲協於理義，靈覺自然發揮。孟子曰：「養心莫善於寡欲。」（盡心篇下）。心爲人之靈明，進德修業全憑此心，若能以禮義存心，必不肯逐物移意。致知格物，精神集中，操持其心，以竟其功；若心不在焉，神馳魄散，意志消失，必至一事無成。孟子曰：「今夫奕之爲數，小數也。不專心致志，則不得也。奕秋通國之善奕者也。使奕秋誨二人奕；其一人專心致志，惟奕秋爲聽；一人雖聽之，一心以爲有鴻鵠將至，思援弓繳而射之；雖與之俱學，弗若之矣。爲是其志弗若與？曰：非然也。」（告子篇上）。蓋言人心愈用而愈靈，博學深思，德業建立，無不以心爲基礎，若飽食終日，無所用心，頹墮失其靈明，故孟子曰：「學問之道無他，求其放心而已矣。」（告子篇上）。老子云：「常德不離，復歸於嬰兒。」孟子曰：「大人者，不失其赤子之心者也。」（離婁篇下）。大人者，本乎自然之天理，以應萬變事物之衆象，所謂「赤子之心」，乃如嬰兒孩提之歲，純眞無僞之天性保持不失耳。老子云：「夫物芸芸，各復歸其根，歸根曰靜，是謂復命。」道家復命之說，亦卽復性。惟儒家則言存心率性以通神明之德也。

第八章　天命論

天道乃陰陽自然之定理，順乎此理行之，即謂聽天出命，悖乎此理行之，即謂逆天違命。運數際會之遭遇，往往非人力所可勉強，儒家故主張安命與知命。不安命不知命者，以爲彼人也，我亦人也，見富者則欲富之；見貴者則欲貴之，欲之而不能以道得之，挺而走險，強奪詐取，此皆盜竊亂賊之事也，故孔子曰：「富與貴，是人之所欲也，不以其道得之，不處也。貧與賤，是人之所惡也，不以其道得之，不去也。」（論語里仁篇）。富與貴盡人之所欲，然得之必以其道，若鑽營苟求，皆不知命不安命者之所爲也。孔子至衞，衞靈公寵幸之臣彌子瑕謂子路曰：「孔子主我，衞卿可得也。」子路以告。孔子曰：「有命。」（萬章篇上）。魯平公欲見孟子，嬖人臧倉以讒言阻止之，樂正子以告孟子；孟子曰：「吾之不遇魯侯，天也。臧氏之子，焉能使予不遇哉！」（梁惠王篇下）。言聖賢之出處，攸關時運之盛衰，乃天命之所使然，非人力所可爲耳。孔子孟子非不欲得志以行其道者，然其衞君魯侯既以嬖幸爲心腹，若與之爲黨，則必以枉道而行事；不與之爲黨，而想以直道而事人，勢必慍於羣小，其道終不果行。故孔子曰：「道之將行也與？命也；道之將廢也與？命也。」（論語憲問篇）。安於命者循天理；逆乎命者徇人慾，循天理者行正道；徇人慾者走邪途。不安於命者，降志辱身，溷儕下流，悖理妄爲，不擇手段，達其願望，躊躇滿志。詎知天道好還，報應不爽，書云：「天作孽猶可違，自作孽不可逭。」（太甲）。乃天道使之然也。

第一節　性命

天賦予命卽賦予性，天命亦卽天然固定之理，簡稱曰天理，或曰天性。中庸云：「天命之謂性。」性與命有不可分之義。朱子云：「命猶令也，性卽理也。」然理性與慾性皆天所賦予，於斯二者爲人生所不可或缺者也，然能發揚理性以節制慾性，則人生圓滿以適度；若只放縱慾性以蔑視理性，則所行反常而敗德。是故戕生喪命者，率多由於蔑棄理性而放縱慾性所使之然也。故必由理性以節制慾性，使之合乎禮義，乃可以養身而全生，此天道所不可違逆者也。書云：「惟天地萬物父母。」（泰誓）。天生萬物各賦之以形色性能，卽有生之草木，有知之禽獸莫不皆然，後世聖賢之格物窮理，皆以適其性能而用之。神農黃帝知百草之性，用之醫療民病；商湯周文知伊呂之性，聘之輔翼興國。易云：「立天之道，曰陰與陽，立地之道，曰柔與剛，立人之道，曰仁與義，兼三才而兩之。」（說卦）。蓋聖人言以順性命之理故作易。由此證明天地生萬物惟人爲至貴者也。董子春秋繁露云：「人之受命於天也，取仁於天而仁也，是故人之受命天之尊，父兄子弟之親，有忠信慈惠之心，有禮義廉讓之行，有是非順逆之治，文理燦然而厚，智廣大而博，惟人道爲可以參天。」（王道通篇）。天之生人，賦予以心思耳目，形骸手足，聰明睿智，氣魄才力，廣大精奇，足以配天地，神明顯德，乃能贊化育。故孟子曰：「萬物皆備於我矣，反身而誠，樂莫大焉。」（盡心篇上）。果能以我之五官四肢，聰明睿智，才力氣魄，以各竭盡其天賦，本諸至誠以贊化育之功，乃性分中之一大樂事也。中庸云：「唯天下至誠，爲能盡其性；能盡其性，則能盡人之性；能盡人之性，則能盡物之性，則可以贊天地之化育；可以贊天地之化育，則可以與天地參矣。」存心養性，以答天命，方不辜負天賦予之形色生而爲人也。

第二節　知命與安命

儒家主張知命，易云：「樂天知命，故不憂。」（繫辭）。孔子曰：「不知命，無以爲君子也。」（論語堯曰篇）。又曰：「五十而知天命。」（爲政篇）。蓋言君子爲人，心德純全，利不苟趨，害不苟避，中庸云：君子素其位而行，素富貴，行乎富貴；素貧賤，行乎貧賤；素夷狄，行乎夷狄；素患難，行乎患難：君子無入而不自得焉。」又曰：「君子居易以俟命。」易云：「窮理盡性，以至於命。」子夏曰：「死生有命，富貴在天。」（論語顏淵篇）。孟子曰：「知命者，不立乎巖牆之下。」（盡心篇上）。儒家所謂知命云云，與星相預言家之論命不同，惟獨明理君子，不違悖禮義，不行險儌幸，故能知命，亦故云達人知命。星相預言家之論命非獨今世爲然，戰國時代已在盛行。是故墨子云：「執有命者，以襍於民間者衆，執有命者之言曰：命富則富，命貴則貴，命貧則貧，命衆則衆，命寡則寡，命治則治，命亂則亂，命壽則壽，命夭則夭。」（非命篇上）。包括富貴貧賤，窮通壽夭，無一不取決之於執命者之論，其蠱惑世人可知，故反駁此說云：「王公大人藉若信有命而致行之，則必怠乎聽獄治政矣；卿大夫必怠乎治官府矣；農夫必怠乎耕稼樹藝矣；婦人必怠乎紡績織紝矣。」（非命篇下）。星相預言家之論命，爲世俗之定命論；儒家之天命論。乃指人生有幸有不幸，環境有優劣，時運有否泰，非人力所可爲也。儒家所言之命，泛指天然命定之理，不可移易者，皆曰天命，揚子法言問明篇云：「命者，天之令也，非人爲也。」命由天賦，而人必須遵循不可違抗者也。」列子力命篇云：「死生自命也，貧窮自時也。怨夭折者，不知命者也；怨貧窮者，不知時者也。當死不懼，在窮不戚，知命安時也。」知命始可以安命，不知命必不能安命。蓋言知命者，往往不是常人之所盡能，惟獨達人君子則能之，其故何也？君子心德純全，不受外物所擾，內無私慾所奪，居惡在？仁是也；路惡在？義是也。懷仁而處，抱義而行。秉正義，行大道，坦蕩其懷，不憂不懼。暗室不怕鬼神，明廷不畏斧鉞也。孟子曰：「口之於味也，目之於色也，耳之於聲也，鼻之於臭也，四肢之於安佚也：性也，有命焉，君子不謂性也。仁之於父子也，義之於君臣也，禮之於賓主也，智之於賢者也，聖人之於天道也：命也，有性焉，君子不謂命也。」（盡心篇下）。「飲食男女，人之大欲存焉。」（禮禮運）。孟子曰：「男女居室，人之大倫也。」（萬章篇上）。合乎義理行事，自然不悖天命，蓋人之理性與慾性均有，理性本純眞而循乎天命，慾性易越軌而徇乎人情。衣則文繡，食則粱肉，固爲人性之所欲也，若禮以求之，義以得之，是由乎性理而至者也，反乎是者則必不能安命也。孔子阨於陳蔡，七日不火食，伐樹於宋，削迹於衞，抱天德至聖之資，處人生難堪之遇，孔子且曰：「君子通於道之謂通；窮於道之謂窮，今丘抱仁義之道，以遭亂世之患，其何窮之爲？故內省而不窮於道，臨難而失其德。天寒既至，霜露既降，吾是以知松柏之茂也。陳蔡之隘，於丘其幸乎？」（莊子讓王篇）。孟子曰：「哭死而哀，非爲生者也。經德不回，非以千祿也。言語必信，非以正行也。君子行法，以俟命而已矣。」（盡心篇下）。蓋言聖人本諸道德，行乎仁義，富貴不足以動其心，貧賤不足以移其志，順逆不變，夷險一節，非知命安命者不能也。

第三節　立命

人生應盡養生之道，養生之道包括至廣，諸如非義之財不取，非義之事不爲，不自取罪咎，不自蹈法網。身體孱弱者似當夭亡，第能善加攝衞，則可增益其壽命；身體健壯者本宜大壽，亦必須注重頤養，始得盡享其天年。修身養性，盡人生應盡之正道，貧富夭壽，不必有所憂患。淮南子精神訓云：「夫至人倚不拔之柱，行不關之塗，稟不竭之府，學不死之師，無往而不遂，無至而不通。生不足以挂志，死不足以幽神，屈伸俛仰，抱命而婉轉，禍福利害，千變萬紾，孰足以患心。」蓋言人應立至德之根基，行寬宏之大道，本無窮之仁心，養正直之義氣，四行六闢，無乎不通。生死無累於心，禍福不移其志，天命賴以立，故無所憂患也。孟子曰：「妖壽不貳，修身以俟之，所以立命也」。（盡心篇上）。孔子之宋，匡人簡子以甲士圍之。子路怒，奮戟將與戰。孔子止之曰：「惡有修仁義而不免世俗之惡者乎。夫詩書之不講，禮樂之不習，是丘之過也，若以述先王，好古法而爲咎者，則非丘之罪也。命之夫。」（孔子家語困誓篇）。聖人修行以道德仁義，敎化本詩書禮樂，難免不遭衰世惡人之嫉忌，既已遵古法以傳先王之敎，而仍不免於困阨患難，但內省不疚，而處之泰然。

第九章　論士君子

古時士與君子相並稱，有道德學問之士人，被稱爲君子；而在位執政之人，亦被稱爲君子，孔子曰：「君子之德風，小人之德草；草上之風，必偃。」（論語顏淵篇）。禮云：「博聞強識而讓，敦善行而不怠，謂之君子。」（曲禮上）。又云：「天子三公、九卿，二十七大夫，八十一元士。」（王制）。士爲有官職者之稱。而士亦必才德兼備者，禮王制又云：「凡官民材，必先論之；論辨，然後使之；任事，然後爵之；位定，然後祿之；爵人於朝，與士共之。」稽諸古籍每有士大夫，士君子之稱蓋本此也。「士逢有道之君則順其令；逢無道之君則爭其不義。（晏子春秋內篇問上）。此士當指國之重臣，有官守有言責者。禮云：「天子以備官爲節，諸侯以時會天子爲節，卿大夫以循法爲節，士以不失職爲節。」（射義）。皆言士之有爵位而兼有職守者。有時士君子，士大夫被稱之爲大人者，孟子曰：「將爲君子焉，將爲野人焉；無君子莫治野人，無野人莫養君子。」又云：「有大人之事，有小人之事。」（滕文公篇上）。士、君子、大人皆有爵位者之稱。蓋士之稱，謂能任事淹貫明辨之人，能「通古今，辨然否，謂之士。」（白虎通義爵）。故君子大人皆爲士之通稱，而大人君子則爲尊稱耳。士爲進入賢關，邁向聖域之階漸，古今來特爲朝野所敬重，致君澤民之要略，匡時濟世之碩畫，皆爲士之所應具備，是故曾子曰：「士不可不弘毅，任重而道遠。仁以爲己任，不亦重乎？死而後已，不亦遠乎？」對君子則又謂：「可以託六尺之孤，可以寄百里之命，臨大節而不可奪也：君子人與？君子人也。」（論語泰伯篇）。才德兼備者，謂之士君子，位尊可爲民物之主，德重能作帝王之師。商周之世對盛德之士鮮不以師保遇之。如太甲之於伊尹，周武之於太公，所謂尊賢而貴德也。

第一節　士之操守

盛德之士，由天降之靈氣而生，在衆民之中爲出類拔萃者，道德修行達於極至大化之境，稱之爲聖人；但聖者未嘗以聖自居，子貢問於孔子曰：「夫子聖矣乎！」孔子曰：「聖則吾不能。」公孫丑問於孟子曰：「夫子既聖矣乎！」孟子曰：「夫聖孔子不居，是何言也！」以孔孟之至德聖明，當世已有知其爲聖者矣，尤其門弟子親受教澤，景仰瞻慕之下，故輒尊之爲聖，斷非虛譽讚揚乃師耳。蓋子貢公孫丑二子之修行已邁進賢關，窺見聖域之士矣，必出之心悅誠服，以其躬自所感受者，尊其師爲聖也。但孔孟設教授徒，教導門人爲士，而自身一本士人之楷範，行師法之化育，設敎於杏壇，講學於闕里，三千英傑霑化；戰國遊說衞道以拒楊墨，立論以息邪說，數百世代承休。上古文化未能建立，建國之策，惟武力是務，蒸民中之優秀矯健者，率多習騎射，演戰陣，強鄰壓境，軍旅當先。國家之安全，賴以保障，君主之權位，得以衞護，詩云：「赳赳武夫，公侯干城。」武士地位之重要可見一斑。然而，開疆拓土，保衞領域，自非武力不可，長治久安之策，實賴禮樂之化，聖王之治又特重詩書文事，故曰「有文事者必有武備。」士人乃必具文經武緯之資，故孔子習射於矍相圃，敎弟子以六藝，文武並重，其弟子以武勇聞於當時者，如仲由冉有等，皆能執干戈臨陣殺敵，迨戰國而後，文武漸形殊途，文士以博學善謀，廟堂碩畫，象魏典章，必出其手；一旦國家遭非常之變而用兵，則運籌帷幄，決勝千里，則三軍將士戰略攻取必聽命於謀士，故謂「兵貴精而不貴多，將在謀而不在勇」之說，誠然。自古戰爭無不以仁義智謀取勝，非在於暴力之強也。自此士人多爲文人，雖仍有力士甲士壯士勇士之稱，而諸子百家之學者，亦皆稱之爲士，至有一技之長者，如方士卜士相士等，亦俱稱士，然此非儒家所謂之士；儒家所謂之士者，乃能堅定志趣，砥礪修行，鑽研學術，情甘澹泊，不慕榮利，懷德抱道，隱居以求其志，行義以達其道，窮則獨善其身，達則兼善天下。是故孔子曰：「士而懷居，不足以爲士矣。」（論語憲問篇）。又曰：「士志於道，而恥惡衣惡食者，未足以議也。」（里仁篇）。蓋言士人應以道濟天下爲志，居處安逸非其所計也，志在守道與行道，其生平智慮盡詣於斯道，擧天下之物不足以撓其志，所知日高明，所造日廣大，簞食陋巷不改其樂，倘以口體之奉不若人爲可恥，則役於物有害於道，必至信道不篤，不足與議夫道也。

第二節　士之行爲

士爲四民之首，禮樂教化，由其宣揚，習俗道德，由其倡行。傳道設教，移風易俗，無一不與士人有關。故云「士大夫之無恥，是謂國恥。」蓋士人之身繫國家之榮辱安危興亡盛衰，其職責可謂大矣！士爲衆民所矜式，雖其影響國家社會至巨，第不若農之樹藝五穀，工之製造器皿，商之懋遷有無，皆有實際固定之事務，故王子墊問孟子曰：「士何事？」孟子曰：「尚志。」曰：「何謂尚志？」曰：「仁義而已矣。殺一無罪，非仁也。非其有而取之，非義也。居惡在？仁是也。路惡在？義是也。居仁由義，大人之事備矣。」（盡心篇上）。士以聖賢是務，高尚其志，得志澤加於民，不得志修身現於世，窮不失義，達不離道。廟堂輔政，可託蒼生之命，草茅坐誦，預爲當局之謀。仁以爲體，義以爲用，「非其義也，非其道也，祿之以天下弗顧也；繫馬千駟弗視也。非其義也，非其道也，一介不以與人，一介不以取諸人。」（萬章篇上）。非其義也，非其道也，天子不得而臣，諸侯不得而友。不事王侯，高尚其事。居仁由義，志在聖賢，得志以行仁義之道，妄殺一無罪之人，卽不得謂之仁，妄取非己所有之一物，卽不得謂之義。居心在於仁，行爲在於義，士之在上位所事卽概括於斯矣。不妄殺，不妄取，守此二戒，卽爲士行，此二戒似雖淺顯而易曉，然後終身行之亦匪易。一旦迫於權勢不妄殺不妄取者寡矣，故士之能有志於是者乃爲非常之人也，後世之爭地奪權妄殺妄取者史不絕書，故孟子慨乎言之以戒王子耳。戰國之世，反覆縱橫，游說之士，逞佞口以取富貴，是誠所謂「厲民而以自養」也。孟子懷德抱道，心切濟世。游說諸侯，頗受時君之崇遇，其弟子彭更心感不安，乃請問於孟子曰：「後車數十乘，從者數百人，以傳食於諸侯，不以泰乎？」孟子曰：「非其道，則一簞食不可受於人；如其道，則舜受堯之天下，不以爲泰，子以爲泰乎？」曰：「否，士無事而食，不可也。」曰：「子不通工易事，以羨補不足，則農有餘粟，女有餘布；子如通之，則梓匠輪輿，皆得食於子。於此有人焉：入則孝，出則弟，守先王之道，以待後之學者；而不得食於子。子何尊梓匠輪輿，而輕爲仁義者哉。」（滕文公篇下）。士承傳統文化，立身行道，爲世楷模，以內聖外王之學，啓廸後進，澤洽當時，功垂後世。凡士之品格，事親則孝，事君則忠，交友則信，居鄉則悌。「故論士苟定於志行，勿以遭命，雖有天下不足以爲重；無所用不足以爲輕。處隸圉不足以爲恥；撫四海不足以爲榮。」（潛夫論論榮）。貧窮者未必爲小人，富貴者何嘗盡君子？

阿衡偉績，發於耕莘之野；鷹揚峻烈，得於釣渭之濱。「儒有一畝之宮，環堵之室，蓽門圭窬，蓬戶甕牖，易衣而出，并日而食，上答之，不敢以疑，上不答之，不敢以諂，其爲士有如此者。」（孔子家語儒行）。

第三節　尊士

蓋古之明王言治者，必求天下之良士以佐治焉。然而章甫絇屨，縉紳簪纓，未必爲良士也。故孔子答哀公問曰：「所謂士人者，心有所定，計有所守，雖不能盡道術之本，必有率也。雖不備百善之美，必有處也。是故知不務多，必審其所知。言不務多，必審其所謂。行不務多，必審其所由。智既知之，言既道之，行既由之，則若性命之形骸之不可易也。富貴不足以益，貧賤不足以損。此則士人也。」（孔子家語五儀解）。士人之操守堅定，本道術而重實行，處必善美之境。言必由中，行則以道。孔子曰：「古者明王必盡知天下良士之名，既知其名，又知其實，又知其數，及其所在焉。然後因天下之爵以尊之。此之謂至禮不讓而天下治，因天下之祿以富天下之士，此之謂至賞不費而天下之士悅。」（王言解）。叔季之世，士君子志愈高潔者，身愈貧困，小人奸佞彌巧者，位彌尊顯。易云：「方以類聚，物以羣分。」（繫辭上傳）。舜有天下，選於衆舉皋陶爲士，不仁者遠矣；湯有天下，選於衆舉伊尹爲相，不仁者遠矣。「同明相見，同聽相聞。惟聖知聖，惟賢知賢。周公之爲宰輔也，以謙下士，故能得眞賢；祁奚之爲大夫也，舉讎薦子，故能得正人。今世得位之徒，依女妹之寵以驕士，藉亢龍之勢以陵賢，而欲使志義之士，匍匐曲躬以事己，毀顏諂諛以求親，然後乃保持之。則貞士採薇凍餒，伏死巖穴之中而已爾。」（潛夫論本政）。蓋言聖君賢相無不禮賢下士者。孔子曰：「以貴下賤，無不得也，昔者周公居冢宰之尊，制天下之政，而猶下白屋之士。」（孔子家語弟子行）。世衰道微，多由人謀不臧，當權在位者，國有賢士而不知用，及至奸佞乘釁，先倡僞善以蠱惑萬民；苟得逞則立邪說以屠戮百姓，自古皆然，今世爲烈。甚至毀謗聖賢，宣揚殘賊，破壞道德，毀滅倫常，栽夷齊爲竊盜，誣曾參以殺人，固屬人類刧運之所致，實乃肇因於國乏賢士也。蓋求賢士不必於通都大邑，國無道巖穴海濱嘗爲棲身之所。孟子曰：「舜發於畎畝之中，傅說舉於版築之間，膠鬲舉於魚鹽之中，管夷吾舉於士，孫叔敖舉於海，百里奚舉於市。」（告子篇下）。惟能用君子，始能退小人，惟能尊賢良，始能遠奸佞。舜佐堯退四凶而進元凱，郅治優隆，萬民樂業。擊壤鼓腹，熙熙皡皡。舜承堯帝而爲天子，自復進用皋夔稷契等二十二賢士，一如堯治，庶績咸熙。周武王以商王受惟婦言是用，暴殄天物，害虐烝民，興師滅受之後，釋箕子之囚，封比干之墓，表商容之閭，其對商遺賢士禮遇有加。而自己延攬賢士三千之衆，故武王未克商前卽自信曰：

「受有億萬，惟億萬心；予有臣三千惟一心。」（書泰誓）。言周之興，由於多賢士之爲用也。繼後卑視士人之君主莫過於漢獻帝唐昭宗；漢獻帝盡取天下名士而囚禁之，目之爲黨人。迨黃巾賊起，漢室大亂，後雖悔悟，盡釋黨人，危亡已不可復救矣。唐昭宗之世，盡殺朝之名士，或投之黃河曰：「此輩清流，可投濁流。」而唐遂亡。孟子曰：「虞不用百里奚而亡，秦穆公用之而霸。不用賢則亡，削何可得與？」（告子篇下）。中興令主，尊士禮賢，欲以爲師，甚至夢寐以求。「殷高宗卽位，默以不言，思道三年，而夢獲賢人以爲師。乃使以夢像求之四方側陋，得傅說方以胥靡築於傅巖，升以爲公，而使朝夕規諫，恐其有憚怠也。則勑曰：『若金，用汝作礪，若濟巨川，用汝作舟楫，若時大旱，用汝作霖雨。啓乃心，沃朕心，若藥不瞑眩，厥疾不瘳，若跣不視地，厥足用傷。爾交修余無棄，故能中興。」（潛夫論五德志）。

第十章　闢邪說

聖人之言論文章無不根自常道而發，每憂天下人心之趨向邪僻，造成刼難，故其立論平實正大，致使匹夫匹婦之所能曉，斷無危言聳聽玄妙而不可測之論。故孟子答曹交問堯舜之道曰：「夫道若大路然。豈難知哉？人病不求耳。」（告子篇下）。禮門義路，寬廣易知，進境高美，修行無窮。小者始自夫婦，大者賅括天地。蘇軾云：「夫子以爲後世必有不足行其說者矣，必有竊其說而爲不義者矣。」（荀卿論）。司馬遷作史記孟子荀卿並同列傳，所述甚微。綜觀孟子荀子兩書，其文辭條暢，氣勢磅礴，均爲不朽之作。然孟子道性善，言必稱堯舜，一本孔子之仁愛思想以立言，惟人爲萬物之靈，舉凡天下有血氣之人類性無不善，此天地生人之自然常道，背此常道者則不得謂之人矣。故孟子曰：「徐行後長者，謂之弟；疾行先長者，謂之不弟。夫徐行者，豈人所不能哉？所不爲也。堯舜之道，孝弟而已矣。」（告子篇下）。韓愈云：「夫所謂先王之教者，何也？博愛之謂仁，行而宜之之謂義，由是而之焉之謂道，足乎己無待於外之謂德。其文、詩書易春秋；其法、禮樂行政；其民、士農工賈；其位、君臣父子、師友賓主、昆弟夫婦；其服、麻絲；其居、宮室；其食、粟米果蔬魚肉：其爲道易明，而其爲教易行也。是故以之爲己，則順而祥；以之爲人，則愛而公；以之爲心，則和而平；以之爲天下國家，無所處而不當。」（原道）。韓昌黎所論之常道統緒由來最久。曠觀史實，每一世代循此常道施行政策，自然化洽俗美，物阜民康；反乎此常道而怪誕用事，勢必妖氛猖狂，生靈塗炭。往世盡然，今時尤甚。後世學人咸以孟軻荀卿同爲蓋世大儒，其論說至有謂異曲同工之妙，筆者以爲大謬不然。荀卿爲竊取至聖孔子之說而炫惑世人者也。荀卿曰：「縱情性，安恣睢，禽獸行，不足以合文通治；然而其持之有故，其言之成理，足以欺惑愚衆，是它囂魏牟也。忍情性，綦谿利跂，苟以分異人爲高，不足以合大衆，明大分；然而其持之有故，其言之成理，足以欺惑愚衆，是陳仲史鰌也。不知壹天下，建國家之權稱，上功用，大儉約，而優差等，曾不足以容辨異，縣君臣；然而其持之有故，其言之成理，足以欺惑愚衆，是墨翟宋鈃也。尙法而無法，下修而好作，上則聽取於上，下則取從於俗，終日言成文典，反紃察之，則倜然無所歸宿，不可以經國定分；然而其持之有故，其言之成理，足以欺惑愚衆，是愼到田駢也。不法先王，不是禮義，而好治怪說，玩琦辭，甚察而不惠，辯而無用，多事而寡功，不可以爲治綱紀；然而其持之有故，其言之成理，足以欺惑愚衆，是惠施鄧析也。略法先王而不知其統，猶然而材劇志大，聞見雜博，案往舊造說，謂之五行，甚僻違而無類，幽隱而無說，閉約而無解，案飾其辭，而祇敬之曰：「此眞先君子之言也。子思唱之，孟軻和之。世俗之溝猶瞀儒，嚾嚾然不知其所非也。遂受而傳之，以爲仲尼子游爲茲厚於後世，是則子思孟軻之罪也。若夫總方略，齊言行，壹統類，而羣天下之英傑，而告之以大古，教之以至順，奧窔之間，簟席之上，斂然聖王之文章具焉，佛然平世之俗起焉。六說者，不能入也，十二子者，不能親也。」（非十二子篇）。子思乃至聖孔子之嫡孫也，嘗受業於曾子，承襲衣鉢，薪火相傳，勿替先業，昭明祖德。著書立說，垂範後世。其所作中庸一書，上本天理之正道，下賅人事之定理，敍事條暢，章節整飭，循循然莫不有規矩，毫無怪誕奇異之論；浩浩乎難能測其津涯，絕非玄奧難窮之理。誠如程子所云：「其書始言一理，中散爲萬事，末復合爲一理。放之則彌六合，卷之則退藏於密，其味無窮，皆實學也。」孟子則私淑孔子，一本其詩書春秋闡發惠政保民之旨奧，栖栖皇皇，遊說諸侯，推崇人羣爲靈明至貴無尙之倫；是故論人性則主善而本仁。謹庠序之教，申之以孝弟之義，則在使人始於本孝弟，終於推民物。論修學則在養氣而知言，始於資深以逢源，終於充塞於天地。論治法則本於不忍人之仁，推心於仁民而愛物。法乎唐虞之盛世，乃有本於內，擴充以恃源，若決江河，以沛然壯濶之主流，傳授大同仁道之郅治，蓋盡得孔子之本也。荀卿泛論它囂、魏牟、陳仲、史鰌、墨翟、宋鈃、慎到、田駢、惠施、鄧析等十人，藉昏亂之世，姦言惑衆，欺世盜名，甚有行同禽獸，放縱性情，不合大衆，不明大分，其持之有故，其言之成理，皆足以欺惑愚衆者也，以其所論於此十子者固未可盡非之也；蓋荀卿之用心，以其高論異說而引論十子作陪襯，藉以詆毀述聖子思亞聖孟子者，欲以顯揚一己之所學，其持之有故，言之成理，足以欺惑愚衆者，實則是荀卿也。自漢唐以迄於今，歷代碩學大儒不惜殫精竭慮爲其性惡說辯；爲其姓氏名號出處考。愚以謂以其文辭美妙，言論切理則可；若以其詆毀聖賢之說遺害於後世者，非但不宜列入儒家之林，實則爲至聖孔子之罪人也。若欲維繫吾中華道統於不墜，弘揚文化以熄妖氛，闢邪說應力求嚴格，獨不見今世之美文辭以欺惑愚衆者，仍不乏人，試想神州板蕩，生靈塗炭，豈偶然哉！

第一節　邪說之由起

中華道統文化較可稽考者，始自堯舜，迨至夏商兩朝，王政遞嬗，盛衰互見。惟周自武王伐紂而統一天下，周公乃傑出聖人，制禮作樂，化行俗美，寬施仁政，四海康寧，萬邦來歸，道同風一，彝倫攸序，郅治盛世，政教一致。慨周東遷而自春秋以後，王綱墜毀，政治衰頹，虛有其位，諸侯紛爭，上下失序，苦於戰亂，民生凋敝。原有之優美禮樂敎化徒具形式而已。當世以功利是尙，時君蔑視信義，獨專征伐，兵連禍結，政敎失却重心，社會日趨紊亂。當此時際，博學有識之士，蒿目時艱，志切救世，抒其感想，發爲理論：上焉者，「非其義也，非其道也，祿之以天下弗顧也。」效耕莘釣渭之前賢，以待天下之治也。「非其君不事，非其民不使」，高蹈遠引，置理亂於不聞；下焉者，學在干祿，蠅營狗苟，惟恐不合而見逐，則以山川之利，膏腴之饒，珠寶之玩，佳冶之美，纂砌以成高論，投其所好而蠱惑之，以固一己勢位。更有顧慕榮利而莫由致之，進而憤世嫉俗，不惜絕棄倫常，獨標廉潔；汙衊聖賢，以逞矯辯。迨至戰國，百家爭鳴，暢所欲言，盛極一時。誠如莊子所云「皆有所長，時有所用，雖然不該不徧，一曲之士也。」（天下篇）。受其蠱惑者，騰爲口說，毫釐之差，千里之謬。及至流爲邪詖，叛乎正道，「作於其心，害於其事；作於其事，害於其政。」（滕文公篇下）。初不知防微杜漸，幾至舉世滔滔，是非混淆，公理泯滅，雖不乏賢聖出而息邪說正人心，然其爲害之烈，則噬臍莫及矣。是誠所謂「九流分而微言隱，異端作而大義乖。」（穀梁傳序）。蓋邪說之由來約有兩途：一確爲世衰道微，反常敗德，臣弒其君，子弒其父，拯民濟世，發爲議論，由於偏激則矯枉過正，各走極端，失諸正道，盲從者易於誤入歧途，一唱百和，勢必蔓延，構成流派，雖有善者亦無如之何矣。一爲一己之才氣縱橫，偏干莫由，請纓無路，非怪誕無以惑衆；非高異無以愚人，甚至假聖賢之名，而立汙衊聖賢之論，似此之倫，先爲僞裝千重以立言，非予一一拆穿則難窺其原形，爲害之烈不可以數計矣。

第二節　距邪衛道

世衰道微，由於人心邪僻，人心邪僻，由於邪說愚惑，自古皆然，今世益甚。「聖王不作，諸侯放恣。處士橫議，楊朱、墨翟之言盈天下；天下之言，不歸楊則歸墨。楊氏爲我，是無君也；墨氏兼愛，是無父也；無父無君，是禽獸也。」（滕文公篇下）。孟子盡全力以拯民生而正人心，繼先聖道統以開來，故又曰：「禹抑洪水，而天下平；周公兼夷狄、驅猛獸，而百姓寧；孔子成春秋，而亂臣賊子懼。」（同上篇）。足以證明邪說之欺騙人民而蔽塞仁義，不啻洪水猛獸，故而本乎大仁大義以立言而闢邪說，不知者以爲有意逞辯才以立高論；知之者則必以爲救世拯民之急切而力挽狂瀾也。天下有治亂，世道有常變，千古一轍。然獨聖賢能先明其治亂，預測其常變，故云「國家將興，必有禎祥；國家將亡，必有妖孽。」（中庸）。蓋值太平郅治之世，聖賢以自任天下之重，本諸常道以行教化，澤被生民，而功施社稷，風行草偃，則因勢而利導之，雖聖人在上亦自忘物我之境界。故云：「堯治天下五十年，不知天下之治歟？不治歟？不知億兆之願戴己歟？不願戴己歟？顧問左右，左右不知，問外朝，外朝不知。堯乃微服游於康衢，聞兒童謠曰：『立我蒸民，莫匪爾極。不識不知，順帝之則。』」（列子仲尼第四）。大道風行之世，熙熙皞皞，雖有德侔天地之聖化，民亦無能名焉。慨乎運逢叔季，雖有稽經辨義之志者，罔不為纍纍若若所奪，惟恐失却一己之權勢，即正義不張，大道隱淪，猶且唯唯諾諾，與物浮沉，妖氛邪說盈天下，乃充耳不聞也。比至大憝乘釁，勢成燎原，雖有智者盈廷亦束手無策矣。孟子生當亂世，諸侯以善戰攻伐為賢，士人以標奇立異是尚，萬端紛紜，百家爭鳴。孟子獨曰：「乃我所願，則學孔子。」又曰：「能言距楊墨者，聖人之徒也。」觀夫孟子為學雖然一尊孔子，惟依奉孔子之仁愛思想，更多所創見，蓋孔子教人惟仁，嘗見論語仁禮並稱，又見仁智對舉，而未嘗以仁義連貫。孟子開端即以仁義連舉，且以仁義禮智乃為人性共同具有之四德。故曰人皆可以為堯舜。孟子言人之性分中具有仁義禮智四德，亦即循此四德而行之，乃能不越乎人生之正道。取博用宏，無乎不概括此德。循乎此德以言性，則為義理之性，舍乎此德以言性，則為物慾之性，獨偏重於物慾者，則必失其本心，亦即喪失其本性矣。孔子言仁言禮，或仁智連稱，於立道之要，皆為指針，標準範圍，孟子則依此指針，循此標準範圍，開拓宏揚，無偏無頗，坦蕩大道。孔孟一本中華道統所闡發之大道，乃最適於人類之中正和平之道也。此道放諸四海而皆準，百世以俟聖人而不惑。行而世為天下法，言而世為天下則。蓋孔子至聖也，言必稱先王；孟子亞聖也，則謂仲尼之徒。及其言道也，匹夫匹婦之所易曉，言夫行之矣，雖聖人亦難盡。

誠如中庸所言：「致廣大而盡精微，極高明而道中庸。」第其至可慮者乃爲道中之盜也。醇醪之質，不容鴆毒之溷，然世不察，其論之怪者則曰新矣；其言之邪者則曰妙矣，殊不知一毫之差，千里之謬。孟子云：「楊墨之道不息，孔子之道不著；是邪說誣民，充塞仁義也。仁義充塞，則率獸食人，人將相食。吾爲此懼。閑先聖之道，距楊墨；放淫辭，邪說者不得作。作於其心，害於其事；作於其事，害於其政。聖人復起，不易吾言矣。」（滕文公篇下）。當戰國之世，諸家學者憤時政之昏暗，各抒所見以救其敝，稽其用心固多爲安上而全下者也。然其爲道也，或設捷徑，引而從之者則入於歧途矣；入歧途者必叛乎正道矣；叛乎正道而行之，則其爲害益烈也。或立旁門，招而致之者則墜陷阱矣；墜陷阱者必昧乎正道矣；昧乎正道而趨之，則其爲禍愈甚也。孟子抱憂世之心，懔邪道爲害之深，乃獨能閑先聖之大道，覺世牖民，其功偉矣。

第三節　所闢諸邪

一、蘇秦、張儀、公孫衍

謀取私人富貴，不恤生民塗炭。朝秦暮楚，逞詭謀以隨機變；反覆無常，設奸計以惑時君。無正道禮義之可循；惟狡詐危言之聳聽。今朝投契促膝則爲賓主；明日抵觸反目卽成寇譽。雖然顯赫於一時，而終至貽禍於萬世。豈特滅人之國，亦自取亡於身也。如蘇秦張儀公孫衍之流，最爲善用縱橫之策者；蘇秦初以連橫說秦惠王，教以併吞六國之計，惠王不果用其謀，遂懷恨以歸，復以合縱說六國，結連諸侯以攻秦。身佩六國相印，誠極人世一時之榮也。張儀初出游說，在楚受辱，憤而投效於秦，乃以連橫之策，分化諸侯，假秦勢以報楚，說韓力以擊楚，私憤得洩，身駕王侯之威，實至平生所欲之貴也。公孫衍爲魏犀首，爲秦王說齊魏攻趙，破蘇秦縱約之策。張儀爲秦相，衍與儀不善，乃去秦而主持合縱，嘗佩五國相印，前後時而主縱，時而主橫，皆爲約長，志在迎合，純爲一己之利祿計也。縱橫家者流，揷足國際，挑撥是非，製造戰爭，民無安息。其本身無事，則天下寧靜；其怒目所向，則諸侯畏懼。景春曰：「公孫衍、張儀，豈不成大丈夫哉？一怒而諸侯懼，安居而天下熄。」孟子曰：「是焉得爲大丈夫乎？子未學禮乎？丈夫之冠也，父命之；女子之嫁也，母命之。往送之門，戒之曰：『往之女家，必敬必戒，無違夫子！』以順爲正者，妾婦之道也。居天下之廣居，立天下之正位，行天下之大道；得志與民由之；不得志獨行其道；富貴不能淫，貧賤不能移，威武不能屈：此之謂大丈夫。」（滕文公篇下）。景春亦縱橫家之羽翼，以爲「我能爲君約與國，戰必克」，「詘敵國，臣諸侯」，則爲大丈夫矣，殊不知此等人品乃最爲下流者也。其求寵取悅於時君，而巧言令色；既得勢以逞其狡計，則狐假虎威。婉容獻媚，卑鄙順從。孟子謂之爲妾婦之道，宜矣。所謂大丈夫也者，得志則行道以濟世；不得志則樂道以安命。「非其義也，非其道也，祿之天下弗顧也」。（萬章篇上）。不爲權勢所屈，不爲名利所奪，超然自在，素位而行。阿衡偉績，千古共仰，要其積蓄，已在莘野；鷹揚峻烈，百世承休，論其抱負，自在渭濱。「窮則獨善其身，達則兼善天下」。斯得謂之大丈夫矣。至若公孫衍張儀蘇秦等則爲善於鑽營求取富貴無恥之徒也。

二、楊朱、墨翟、陳仲子、許行、任人、宋牼

㈠楊朱：孟子云：「楊朱墨翟之言盈天下；天下之言，不歸楊則歸墨。」（滕文公篇下）。楊墨學說在當時勢力之大可見一般。莊子徐无鬼篇亦言楊墨之言各是其所是，盛行於當時。楊墨之說雖然盛極一時，楊朱並無著述傳世，詳論難於尋究。莊子山木篇有楊子之宋一段，寓言篇有陽子居遇老聃問道一段，有云楊子居卽楊朱者，且謂爲老子弟子，其學說係道家者流。此說恐屬臆斷，非確據之論也。莊子所引論之陽子兩段，稱述崇尚謙德，自與「爲我」縱慾之楊子不同，所云從學於老子，然其學說實不類道家。墨子曾受孔子之術（淮南子要略）。吳起嘗學於曾子（史記吳起傳）。是故楊子之學說，乃自成一派，惟其學說無詳細記載，由孟子指其「爲我」，「拔一毛而利天下不爲也」二語，已可見其宗旨。呂氏春秋不二篇云：「陽生貴己」，「貴己」卽「爲我」之意也。列子一書，其文雖有後人竄入者，然

其書乃係採集古籍而成，若謂其全爲僞作則不可，（近人有考證列子一書決非僞造者，其論載在大陸雜誌）。列子楊朱篇之言論，與孟子所斥楊朱之主義實相符合，而楊朱學說當亦可徵諸列子。

古今學者，著書立說，無不以其所感於心者而發。內則修身養性之要，外則安上全下之略，若其循諸正道定理爲之，自然澤被生民，而功施社稷。此儒家之一貫主張，自有史以來，繼繼繩繩不易斯旨。孟子曰：「覇道之民，驩虞如也；王者之民，皞皞如也。」（盡心篇上）。舉目斯世，萬國烝民，能不疾首側目者蓋寡，遑言「驩虞如也」，「皞皞如也」。孟子且云：「仲尼之徒，無道桓文之事者。」（梁惠王篇上）。由此可見孟子對政治學說立論之正大與嚴格。又云：「人之所以異於禽獸者，幾希！庶民去之，君子存之。舜明於庶物，察於人倫，由仁義行，非行仁義也。」（離婁篇下）。舉凡一切事物，皆具有性理，惟獨聖人始知爲人處世之大道，故能順應性命中固有之仁義行事，並非以爲仁義有利於己而勉強去行也。蓋言人類與禽獸之差異甚微，所指者爲飲食男女。人有此性；禽獸亦有此性，未嘗異也。所不同者，人性善也，禽獸性則不盡善耳。人類之性分中有仁義之德，而惟君子能保持斯德而弗失，衆人拋棄此德者則近於禽獸矣。

時當昇平盛世，萬民樂業。人際之間，禮讓爲先。彼此互助互惠，惟固有之倫理道德是尚。上有道揆，下有法守，邪說暴行自然銷聲匿跡，士君子一本聖賢理義以言事，斷無放言縱論而違正道者也。慨乎亂世，人心狡詐險惡，重禮者逐步退讓，強暴者肆無忌憚，小人道長，君子道消，人心皇皇，無所適從。值此時際，期望人人有利他之道德，戛戛乎其難哉。退而只求人人皆能以自利則足矣。惟求其自利也，固不願損己以利人，亦不願損人以利己，人各自私，人各自利，則人人各自相安矣。楊子似具此觀感，故曰：「損一毫利天下，不與也；悉天下奉一人，不取也。人人不損一毫，人人不利天下，天下治矣」。（列子楊朱篇）。楊子以人之一生歲月無多，生活不宜刻苦，應「從心而動」，任慾享樂「當身之娛」而外，不必爲他事勞神，因此倡「爲我」主義。此種主張，持之有故，言之成理，足以炫世俗而誘惑人心。故當時之盲從者比比皆是也。楊朱曰：「豐屋美服，厚味姣色，有此四者，何求於外。」（同前篇）。大屋美服，美味姣好，是人之所欲也，卽才德蓋世，權勢當道，且不宜一任欲性之所爲，獨爲一己之私利，而毫無裨益於社會人羣，似此邪說，勢足以煽動天下之莠民挺而走險，盜竊亂賊而由是作也。故孟子痛斥之爲「無君」，而擬之爲「禽獸」。而今世淺見之輩竟撰文評論孟子度量褊狹，排除異己，似有不能容物者。殊不知聖人之胸襟海濶天空，料事如神，日月之明，容光必照。預知怪誕不經之主張，足以動搖人心，而禍亂天下也。況當戰國之時，邪說紛起，百家爭鳴，萬民宗仰，無所適從，若非孟子挽狂瀾於既倒，作中流之砥柱，痛闢而嚴斥之，必如今日之赤禍蔓延，爲害其可勝言哉？足證楊朱其人天性特殊，故出此偏激狹隘之學說，誠如莊子云：「所言之韙，不免於非。」（天下篇）。蓋人爲萬物之靈，各應竭智盡力以服務於社會國家。使吾民族盡得託足寄命於完美安適之境。而近世各民族無不愛護其民族國家者卽此義也。若「損一毫以利天下不與」，則徇私棄公，保衞民族，建設國家，誰任其事？勢必形成獨斷自私，目無長上，故孟子斥其爲「無君」。楊子「爲我」自私享樂之主張，以爲人之終結，死後斷滅，毫無知覺。乃將人賢愚善惡之比較價値一概抹煞，故曰：「十年亦死，百年亦死，仁聖亦死，凶惡亦死。生則堯舜，死則枯骨；生則桀紂，死則枯骨；枯骨一矣，孰知其異？且趣當生，奚遑死後？」又以爲人生「百年者，千無一焉。或有一者，除却睡眠、疾病、哀痛、憂懼之時間外，所餘無多，其樂幾何？故當不顧一切，盡情享受，若爲是非名譽所約束，豈非等於纍囚？故曰：「人之生也，奚爲哉？奚樂哉？爲美厚爾，爲聲色爾！而美厚復不可常厭足，聲色不可常翫聞，乃復爲刑賞之所禁勸，名法之所進退，遑遑爾競一時之虛譽，規死後之餘榮，偊偊爾愼耳目之觀聽，惜身意之是非，徒失當年之至樂，不能自肆於一時，重囚纍梏，何以異哉？」是故主張「恣耳之所欲聽，恣目之所欲視，恣鼻之所欲向，恣口之所欲言，恣體之所欲安，恣意之所欲行。」任意放縱耳目口鼻心意之所欲，置禮義榮辱名節於不顧。故曰：凡生之難遇，而死之易及，以難遇之生，俟易及之死，可孰念哉？而欲尊禮義以夸人，矯性情以招名，吾以此為弗若死矣。為欲盡一生之歡，窮當年之樂，惟患腹溢而不得恣口之飲，力憊而不得肆情於色，不遑憂名聲之醜，性命之危也。」蓋一意於食色之所慾，一如下等動物只知飲食男女然，廉恥榮辱性命非所計也。甚以舜禹周孔之存心濟世，蔑視私慾，雖有不朽之名，而於自身無實際之益，亦不足取法，故云：「人而已矣，奚以名為？曰以名者為富，既富矣，奚不已焉？曰為貴，既貴矣，奚不已焉？曰為死，既死矣，奚為焉？曰為子孫，名奚益於子孫？名乃苦其身，燋其心。……凡為名者必廉，廉斯貧；為名者必讓，讓斯賤。凡彼四聖者，生無一日之歡，死有萬世之名，名者，固非實之所取也，雖稱之弗知，雖賞之不知，與株塊無以異矣。（以上節引列子楊朱篇）。孟子痛斥楊子「為我」自私，蓋以其不顧名節，任性縱慾，直類禽獸之只知飲食牝牡，遑論國家民族首領長上？似此蔑視公理正義之言論充盈天下，宜乎謂「邪說誣民，充塞仁義」也。（滕文公篇下）。韓昌黎云：「古之時，人之害多矣！有聖人者立，然後教之以相生相養之道。」（原道）。蓋言斯道即聖人所設先王之教，一本博愛之仁，行乎其所當然之義，日用倫常，極高明而道中庸。其道易明，其教易行，由乎此道而行乎此教者則為人類；悖乎此道而違乎此教者則為禽獸。此「相生相養」之道，乃天經地義，為人類所不可須臾離也。蓋道德為人生之依據，社會秩序，人類行動賴以維繫。曠觀古今之治亂興衰，人類禍福，概由民族道德之優劣所決定。每一時期之人慾恣肆，邪說橫流，勢必釀成禍亂。楊子之「爲我」主張，亦或厭天下之戰亂，寓有救世安人之心也，然拔一毛以利天下不爲，亦不損他人一毫以自利，即楊子本人確實作到，只不過一硜硜小人，慳吝鄙夫耳。倘若盡人效尤，任性縱慾，勢必釀成強取豪奪之禍，則其國家民族必至滅亡無疑矣。楊子之學說，對己純爲享樂主義；對人則爲自私慳吝，然對堆金積玉鄙薄之守財奴，畢生自困於憂勞艱窘似不無啓示作用，而似此主張形成學派，則必流爲極端爲我自私主義者，而相沿成習爲絕對唯物享樂自私思想，置倫常義理於不顧，繼而互相殘殺，天下大亂。是故孟子云：「楊墨之道不息，孔子之道不著，是邪說誣民，充塞仁義也；仁義充塞，則率獸食人，人將相食，吾爲此懼。閑先聖之道，距楊墨，放淫辭，邪說者，不得作；作於其心，害於其事；作於其事，害於其政。聖人復起，不易吾言矣。」（滕文公篇下）。

㈡墨翟：孟子云：「墨氏兼愛，是無父也。」墨子主張「兼愛」，孟子何以斥之爲無父？蓋以墨子云：「視人之室若其室，視人之身若其身。爲高士於天下者，必爲其友之身若爲其身，爲其友之親若爲其親。」（兼愛篇）。用此學說爲天下倡，非惟不能治天下，且適足以亂天下也。若云「四海之內皆兄弟也」，則可；若云四海之內皆夫婦也，則斷乎不可。倫常之道固屬各本愛心以行之。長官部下愛之以忠義，父子愛之以親情，夫婦愛之以義順，兄弟愛之以友恭，朋友愛之以誠信。然而墨者夷子主張「愛無差等」，是亂天下之道也。「墨之治喪也，以薄爲其道也……然而夷子葬其親厚。」（滕文公篇上）。究竟人性難於泯滅，倡其學說蠱惑人心而已，而一己反而獨厚葬其親，非邪說誣民而何？蓋爲人子者奉養其父母，富者固當鼎烹以致養，貧者乃應菽水以承歡。莫不謂劬勞之深恩，畢生而莫贖，吾自受之，吾自報之。人子之責孰肯讓之哉？倘有不情之請者曰，彼父母者卽我之父母也，我奉養之：昏則定焉，晨則省焉，冬則溫焉，夏則凊焉，膳則視焉，藥則嘗焉，則天下之爲人子者誰肯信之哉？儒家仁義之道，中正和平，由親以及疏，「人人親其親，長其長而天下平。」各親其親，各長其長，自無踰越侵擾之弊，進而本乎忠恕推己以及人，「老吾老以及人之老，幼吾幼以及人之幼。」此乃人情之自然合乎義理之大道也。兼愛則違乎人之常情，倡此邪說，徒亂倫理，違悖常道。孟子曰：「夫夷子信以爲人之親其兄之子，爲若親其鄰之赤子乎？」（滕文公篇上）。愛其兄之子與愛其鄰之子，必不可能相同而無差等，果間而有能之者，必屬違理矯情之倫也。蘇洵云：「凡事之不近人情者，鮮不爲大姦慝，豎才、易牙、開方是也。」（辨姦論）。孟子曰：「且天之生物也，使之一本，而夷子二本故也。」（滕文公篇上）。凡人莫不由父母養育而成者，父母卽人之一根本也；父母之愛，亦卽根本之愛，一人之身絕無二父母鞠育顧腹之者，施之於雙重根本之愛，於事實則不能，在情理則不通，果有矯情倡此邪說而曰自身能之者，則將欲行其騙術以欺天下之爲人父母，而棄絕天下之爲人子女，始欲使其目行路皆爲父母；終至視父母如行路矣。孟子聖人也，於天常人倫之至德要道闡述詳明，一本中華道統以立言，根至性理經義以救世，故痛斥之爲「無父」，不爲過也。孝經云：「不愛其親而愛他人者，謂之悖德，不敬其親而敬他人者，謂之悖禮，以順則逆，民無則焉。」（聖治章）。自生民以來，爲人子者孝事雙親，乃天經地義之事，責無旁貸，生養死葬，各盡其禮，人心乃安，其教乃成，其政乃治。似此常道，如日月之經天，江河之行地，斷乎不容有任何怪誕邪論置喙異議，倘或世之不察稍事疏防，則國脈民命將受其害矣。孝事父母盡心雖無窮，但名分與能力均應有所節制，故孔子曰：「生，事之以禮，死，葬之以禮，祭之以禮。」（論語爲政篇）。禮不逾節，雖富者之喪亦不得越禮。倘爲貧者，亦當量其力之所能耳。孔子曰：「啜菽飲水盡其歡，斯謂之孝；斂首足形，還葬而無槨，稱其財，斯謂之禮。」（禮記檀弓）。蓋言人子若不顧名分，貧乏無力，過事鋪張，越禮僭分，奢侈無度，亦爲儒家所不取。喪葬之禮俗，因時代變遷或有所不同，然而孝子之事親自應本諸禮節行之，若既合於禮節，又饒有資財，孝子斷乎不忍薄待其親也。故孟子曰：「古者棺槨無度，中古棺七寸，槨稱之；自天子達於庶人，非直爲觀美也，然後盡於人心。不得，不可以爲悅，無財，不可以爲悅；得之爲有財，古之人皆用之，吾何爲獨不然？且比化者，無使土親膚，於人心獨無恔乎？吾聞之也：君子不以天下儉其親。」（公孫丑篇下）。惟獨墨家崇尚薄葬，然而墨者夷子却厚葬其親，豈非自以所賤之道事其親者哉？孟子斥其矛盾，夷子乃辯曰：「之則以爲愛無差等，施由親始。」（滕文公篇上）。其主張薄葬之說自動推翻，「愛無差等，施由親始。」是則先愛己之親，而後推及人之親，顯然而有親疏厚薄之分矣。高唱「兼愛」，「愛無差等」之說，徒爲欺世蠱惑人心而已。孟子曰：「墨子兼愛，摩頂放踵利天下，爲之。」（盡心篇上）。蓋言墨子勞苦其形體，由頭頂直磨突至脚根，只要有利於天下之衆人，亦所肯爲。亦卽莊子所謂「腓無胈，脛無毛。」（天下篇）。此種爲大衆服務不辭勞瘁之精神，誠屬可貴。故莊子又曰：「墨子眞天下之好也，將求之不得也，雖枯槁不舍也，才士也夫？」雖然，虐待自苦，有違人之常情，亦卽違乎人之正道，不惟世人皆不能實行其道，卽墨家之徒亦不能實行其道，誠屬怪誕徒亂天下之人心而已。是故莊子又云：「其生也勤，其死也薄，其道大觳。使人憂，使人悲，其行難爲也，恐其不可以爲聖人之道。反天下之心，天下不堪，墨子雖能獨任，奈天下何？離於天下，其去王也遠矣。」（天下篇）。本乎天心以順人心，斯謂先聖之正道，離乎天心以亂人心，斯謂怪誕之邪說，天下衆民循於先聖之正道而行，則順而祥；惑於怪誕之邪說而爲，則乖而戾。順而祥則天下和平；乖而戾則天下禍亂。是故孟子云：「是邪說誣民，充塞仁義也。仁義充塞，則率獸食人，人將相食，吾爲此懼。」（滕文公篇下）。蓋聖人一本衞道救世之心，上承三聖之偉績，以安天下而致萬邦咸寧，「息邪說、距詖行，放淫辭。」慨乎救世拯民之至言也，胡得以逞辯者目之哉？

(三)陳仲子：陳仲子亦稱陳仲，因其與齊王同姓，故又稱爲田仲。時逢亂世，各國諸侯相互攻伐，政治污濁，烝民塗炭，賢愚莫辨，是非顚倒。高蹈遠引，甘心泉石者，未嘗非有道之士也。然而傲世嫉俗，隱居山林，舍棄親情，獨標高潔，避兄離母，獨與妻處，兄之所有以爲不義，母賜之食猶且不屑，此不孝不弟之獨孤鄙夫耳，焉得謂之廉士哉？當時竟有人稱贊之者，由此可見亂世「邪說」「詖行」惑人之易也。匡章曰：「陳仲子豈不誠廉士哉！居於陵，三日不食，耳無聞，目無見也；井上有李，螬食實者過半矣，匍匐往將食之，三咽，然後耳有聞，目有見。」孟子曰：「於齊國之士，吾必以仲子爲巨擘焉。雖然，仲子惡能廉！充仲子之操，則蚓而後可者也。夫蚓、上食槁壤，下飲黃泉，仲子所居之室，伯夷之所築與？抑亦盜跖之所築與？所食之粟，伯夷之所樹與？抑亦盜跖之所樹與？是未可知也。」曰：是何傷哉！彼身織屨，妻辟纑，以易之也。」曰：「仲子齊之世家也。兄戴、蓋祿萬鍾，以兄之祿爲不義之祿而不食也，以兄之室爲不義之室而不居也；辟兄離母，處於於陵。」（滕文公篇下）。陳仲子爲齊國之世家，乃兄顯貴而爲大夫，食祿萬鍾，而己獨與其妻勞苦操作以維生，甚至饔飧不繼，三日不得食而仍不移其廉介之志，大有窮不失義之氣節，故孟子稱許爲齊國之第一士人也。然仲子處汚濁之世，能獨行高潔，貧賤不移，嫉惡如仇，則聖人當必以避世之賢者稱之；且仲子之兄果爲不義之徒，仲子宜於避之，孟子亦必無異議。雖云當時之政風窳敗，而對所有之士大夫概以惡類視之，亦已過矣。以其兄爲不義而遠避之已屬不情，竟忍心並離棄其母，母對乃子亦不義乎？蓋蔑視倫常，棄絕親情，誠爲不類之人也，胡得以廉士稱之哉？自屬斗筲之不若也。兄母之賜則不食，以妻則食之。兄與之室則弗居，於陵則居之。三日不得食，耳目失其效用，已瀕於死矣，乃匍匐往食螬食剩之李，以冀苟活而偷生，母命天倫棄之如遺，降志辱身有過此者，即硜硜小人亦斷乎不爲也。仲子出身於貴族世家，自非常人可比，倘有修己安人救世拯民之志，參與政治而對國計民務必有所貢獻，其竟不此之圖，甚而慈愛之恩，手足之情一概棄置。市井之人有斯行者，定爲鄉黨宗族所不齒；況以仲子在齊國之地位，一意孤行，置國家倫理於不顧，是誠何心哉！故趙威后問齊使曰：「於陵仲子尚存乎？是其爲人也，上不臣於王，下不治其家，中不索交於諸侯，此率民而出於無用者也，何爲至今不殺乎？」（戰國策齊策）。韓非子云：「今田仲不恃仰人而食，亦無益於人之國，亦堅瓠之類也。」（外儲說左上）。蓋言瓠「堅如石，厚而無竅，不可剖以盛物。」誠爲無用之廢品也。雖然，其時陳仲子之怪誕邪僻行爲，能聞名鄰國，聲播士人，殆恐不乏附和贊助之者，而仲子亦或持之有故，而能言之成理，勢足以掩飾其乖舛倫理，違背人道矣。故匡章極稱之曰：「陳仲子豈不誠廉士哉!?」舉其事實，顯然理直氣壯。而孟子以其浩然之正氣，本乎聖道之要義，以子之矛而攻子之盾，答之曰：「於齊國之士，吾必以仲子為巨擘焉。」繼之取譬引喻，義正辭嚴，以仲子之欲潔其身而棄人倫，似此乖僻之行，以之為己，則不愛己；以之為人，則不愛人；尤有矯情自視高潔，而令聞者發噱之處，又云：「他日歸，則有饋其兄生鵝者。己頻顣曰：『惡用是鶃鶃者為哉！』他日，其母殺是鵝也，與之食之；其兄自外至，曰：『是鶃鶃之肉也！』出而哇之。以母則不食，以妻則食之；以兄之室則弗居，以於陵則居之：是尚為能充其類也乎？若仲子者，蚓而後充其操者也。」（滕文公篇下）。叔季之世，大道隱淪，不乏學者因其資質之偏，或固執一說以炫世，或力行乖謬以取名。此皆為邪說詖行之類也。若任其蔓延橫流，足以亂正道而蠱惑人心，孟子乃以大道自任者也，逢此逆流邪僻之言行，烏得而不痛切闢之哉！天之生斯人也，地之養斯人也，立人之正道仁義也，仁義之行人倫也。仲子避兄離母是誠棄絕人倫也，自生民以來，豈有棄絕人倫而獨稱為廉士者哉？蓋聖賢之道，與天地同流，仲子之道，擴而充之，則與蚯蚓同操，行殊乎人道，操異乎倫理矣。

廉，固為德行之要，不可不重視之也。孟子曰：「可以取，可以無取；取傷廉。」（離婁篇下）。匡章以仲子操行可取者爲廉也，然而仲子之廉誠屬矯情勉而爲之者也，置倫理於不顧，則必欲棄絕人世，推而極之則必歸於蚯蚓一類矣。是尚有家國親情之可言哉？中庸要道，倫常至理，則爲司空見慣，如此乖張孤僻之謬行，勢必爲好怪崇邪者所標榜，若不幸競以怪邪是尚，造成形勢，則危害國家人民豈可勝言哉！乃如仲子之囿於小廉而蔑視大德，抑何足取也？故孟子曰：「仲子不義與之齊國而弗受，人皆信之。是舍簞食豆羹之義也；人莫大焉，亡親戚君臣上下，以其小者信其大者，奚可哉！」（盡心篇上）。孟子復言仲子若非其義而與之齊國必不肯受，齊人皆信其爲賢者也。雖然，以其不食國家俸祿，避兄離母，蔑棄人道大倫而較之，則爲微不足道之廉也。誠爲強矯沽名之子，烏得以「廉士」稱之哉!?

㈣許行：劉子政戰國策序云：「仲尼既沒之後，田氏取齊，六卿分晉。道德大廢，上下失序。至秦孝公捐禮讓而貴戰爭，棄仁義而用詐譎，苟以取強而已矣。夫篡盜之人，列爲侯王。詐譎之國，興立爲強。是以轉相放效，後生師之，遂相呑滅，幷大兼小，暴師經歲，流血滿野。父子不相親，兄弟不相安，夫婦離散莫保其命，湣然道德絕矣。晚世益甚，萬乘之國七，千乘之國五，敵侔爭權，蓋爲戰國。」時當戰國，諸侯咸欲稱雄，揚威天下。力謀國富兵強之策，游談之士，逞其鼓簧之舌，口是心非，弁髦道德，投人主之好，惟功利之是務，以取尊位厚祿。甚有食客盈廷，謀士座滿，爭趨於機變，莫顧於廉恥。詭譎相輕，朝秦暮楚。挑撥是非，製造戰禍，惟圖狡計得售。濫叨國家祿位。爭城爭地，血流千里，無動於衷；孤人之子，寡人之妻，恰合治術。許行有感於害民以自養，乃起而倡行君民並耕而食，消除治人與被治之階級，躬率其徒衆數十人，「皆衣褐捆屨織席以爲食。」其自苦勞動之精神，與尸位素餐之閒散階層，兩相比較，則許子之救世爲民之心實可敬佩矣。然而人際相處，非僅以衣食飽煖而已也。似此學說與行爲，小則必不服從領導；大則反對所有行政措施。如陳相見孟子，道許行之言曰：「滕君則誠賢君也。雖然，未聞道也。賢者與民並耕而食，饔飧而治。今也滕有倉廩府庫，則是厲民而以自養也。惡得賢！」（滕文公篇上）。蓋許子之意，即一國之君主，亦必須同人民勤勞稼穡，耕作於田畝，自行炊爨而食，並兼理國計民務，乃得謂之賢君也，苟不若此，即爲剝奪人民，損害人民以自養也。許行此種主張，亦異端邪說之類也。許行之論託始於神農氏教民稼穡而發，蓋當炎帝神農氏之世，民尚渾淳，事至簡瀾。神農始爲耒耜，教民稼穡，與民並同耕作於南畝，容或一時有之。及乎化行俗易，世變風移，遞至唐虞之際，則雖神農再世，自必因時以立政教，斷乎不能再與民時時並耕矣。時當戰國，尚託神農之言行，非欲欺世盜名而何？韓愈云：「古之時，人之害多矣！有聖人者立，然後教之以相生相養之道：爲之君，爲之師，驅其蟲蛇禽獸而處之中土；寒，然後爲之衣；饑，然後爲之食；木處而顚，土處而病也，然後爲之宮室，爲之工以贍其器用，爲之賈以通其有無，爲之醫藥以濟其夭死，爲之葬埋祭祀以長其恩愛，爲之禮以次其先後，爲之樂以宣其湮鬱，爲之政以率其怠勌，爲之刑以鋤其強梗。相欺也，爲之符璽權衡以信之；相奪也，爲之城郭甲兵以守之。害至而爲之備，患生而爲之防。」（原道）。蓋先聖明君，爲民計事也繁，防患也周，宵旰圖謀，殫精竭慮，日理萬幾，勞心焦思，其辛苦千萬倍於耕稼，豈得謂「與民世耕而食，饔飧而治」，方得爲之賢哉？聖王明君，德侔舜禹，若使胼手胝足與民並耕，從事農業，必致疏於政教，奚啻養一指失肩背，蓄毫髮而棄全身也？許行倡此學說，是在偏重於勞力者之價值，而忽視於勞心者之價值矣。例如某大工程建設，必須事先測量、繪圖，然後按照圖式計材施工；而勞心設計之價值則在勞力工作價值之上；設若忽視勞心者之價值，而任憑勞力者盲目行動，勢必事倍而功半，甚至徒勞而無功。況此孤僻獨行之學說，於知識低落之社會最易蠱惑人心，而使人民視政府之各級公務人員爲剝削階級，甚至仇視政府，拒絕納稅，造成叛亂危害國家。孟子詰問許行炊爨所需之釜甑，耕作所用之耒耜，皆必須以粟易之，蓋農人以粟易器，雖不任製器之勞，不得謂有害於工人；而工人以器易粟，雖不任耕作之苦，亦不得謂有厲於農人。陳相曰：「百工之事，固不可耕且爲也。」孟子曰：「然則治天下獨可耕且爲與？有大人之事，有小人之事。且一人之身，而百工之所爲備。如必自爲而後用之，是率天下而路也！故曰：或勞心，或勞力；勞心者治人，勞力者治於人；治於人者食人，治人者食於人：天下之通義也。」（滕文公篇上）。自古迄今，分工合作，各盡智能，同謀幸福，社會始能進步，國家方得安樂。孟子根據古代分工合作之原理，將勞動者分爲「勞心」與「勞力」二者，服務於政府之各級官吏，運用智慧，計劃國家大事，不眠不休，苦思焦慮，廢食忘寢，不遑田畝耕作，乃必然之事；而農人亦各自黽勉於稼穡，櫛風沐雨，樹藝五穀，忙於專業，而當然無暇分心於政教。通力合作，工農交易，故曰：「天下之通義也。」孟子列擧堯舜之治，當洪荒之世，政教擧措，經緯萬端，用心良苦，功德莫大，雖無暇於耕作，其峻烈偉績足使萬民感恩戴德，而嘉惠受賜較諸與民並耕則萬萬矣。

近世竟有自命爲不凡者，謂孟子將治人者與被治者分爲兩種階級，乃封建時代之思想，甚至將先聖之言，不加深思，信口開河，批評無一是處。蓋儒家政治目的爲世界大同，「大人世及」之制本爲儒家所反對。孟子曰：「三代之得天下也以仁，其失天下也以不仁。」得失無常，仁與不仁而已。我國社會遠在唐虞之世貴賤階級已漸消滅。孟子曰：「舜發於畎畝之中，傅說擧於版築之間，膠鬲擧於魚鹽之中，管夷吾擧於士，孫叔敖擧於海，百里奚擧於市。」（告子篇下）。平民可被擧爲帝王將相，官吏一旦致仕便爲平民；平民登庸便爲官吏。是誠所謂變動不居，上下無常。「昨日論朝政，今日話桑麻。」是則昨爲官而今爲民也；

「朝爲田舍郎，暮登天子堂。」是又朝爲民而暮爲官也。此與現世所謂之民主政治同一理也。當選任職，服務地方，則爲治人者；任期屆滿，解職在野，則爲被治者，如必曰服務於公職而爲統制階級，蓋此選賢舉能政治措施，恐永遠難於消除也。其行爲乖張，荒誕附和之言論不攻自破也。

陳相乃許行之信徒也，因而宣揚乃師之說云：「從許子之道，則市價不貳，國中無僞；雖使五尺之童適市，莫之或欺；布帛長短同，則價相若；麻縷絲絮輕重同，則價相若；五穀多寡同，則價相若；屨大小同，則價相若。」孟子駁之曰：「夫物之不齊，物之情也。或相倍蓰，或相什伯，或相千萬。子比而同之，是亂天下也。巨屨小屨同價，人豈爲之哉？從許子之道，相率而爲僞者也，惡能治國家！」（滕文公篇上）。由此證明許子之道，乃矯人之情而違物之情，物類之不齊，古今同然，以其質有優劣，而價有高低；物有精粗、多寡、輕重、大小、長短，若盡強之同價，豈非違物之情而矯人之情與？似此不近人情之說，乃欲使人相率而爲僞者也，用斯道以治國家，國家必大亂無疑矣。

有謂許子之平等主義有似道家，故遂謂其爲道家支流，老子云：「以正治國，以道蒞天下。」道家何嘗主張「與民並耕而食，饔飧而治」耶？或有謂許子之苦行有似墨家，故遂謂許行卽墨子弟子許犯也。然而墨子特重視勞心者，極言勞心者之功有過於勞力者。故云：「

雖不耕而食飢，不織而衣寒，功賢於耕而食之，織而衣之者也。」（魯問篇）。墨子效法大禹，而許行假託神農，故孟子惟言墨者夷之，而未嘗言墨者許行，獨曰：「有爲神農之言者許行。」（滕文公篇上）。由此證明許行既非道家亦非墨家矣。神農氏之治天下，研究稼穡，發明農具，勞心於人民之生計，焉暇躬親「與民並耕而食」也？許行惟講與民並耕，而只於民事之萬端要務中見其一耳。論其器識誠匹夫之爲諒也。惜乎後世不察，而竟謬之曰農家，但稽諸古籍未見許行對農業生產有何發明，蓋欲假先皇神農之聖名而行欺世之術者也。梁啓超云：「許行之論頗與希臘柏拉圖之共產主義及近世歐洲之社會主義相類。」（中國學術思想變遷大勢）。任公確有獨到見解，非杜撰陋儒妄發文辭稱道云然者所可望其項背也。固然，時至戰國，攻伐爲賢，詐謀是尙，游士說客不恥素食，許子之行或以有所感歎而爲之者，然而矯情背理，勢必形成邪說，始則使官民之間製造仇恨，繼而使人際關係泯滅常理，終至殘害殺戮必由此起，故孟子闢斥之，足見聖人憂世之心苦矣。

㈤任人：時當國家政教失却正軌，主政者惟以強兵攻伐是務，於知識階層之思想學說漫不經心，倘使邪流形成勢力，蔓延氾濫必不可收拾。故而明智君主運籌安上全下之策，舉措匡時濟世之政，未有不首重敎化者。爲害最烈者莫過於邪說；邪說者何？思想偏差所發表之謬論也。思想龐雜，甚而形成百家，稽古惟戰國爲最，且百家各本其思想發爲文辭，進而見諸於行事，故云「百家爭鳴」；百家之中能一本中華道統救世拯民者惟孟子一人而已。誠如韓昌黎云：「障百川而東之，迴狂瀾於既倒。」（進學解）。怪誕邪僻之論，乖張之行，我國歷世亦可能產生之。主政教者若能嚴於防範，維繫中華道統文化於不墜，使邪說暴行消滅於無形也。

世運轉移，一治一亂，遞皇推移，古今一轍。司馬光云：「漢之中興也，乃由於光武帝能於征伐四方，日不暇給之際，敦尚經術，賓延博雅碩儒，開廣學校，修明禮樂，武功輔以文治，乃克以濟時艱也。繼以明章二帝追念先志，臨雍拜老，橫經問道。自公卿大夫，至於郡縣之吏，咸選用經明行修之人。虎賁衞士皆習孝經。匈奴子弟，亦遊太學。是以教立於上，俗成於下。其忠厚清修之士，豈惟取重於搢紳，亦見慕於衆庶。愚鄙汙穢之人，豈惟不容於朝廷，亦見棄於鄉里。自三代以來，風化之美，未有若東漢之盛者也。」（資治通鑑）。

戰國之世，百家爭鳴之時，即有蔑視禮義倡唯物論者，惟當時雖苦於戰亂，而禮義尚未盡泯於人心，故此邪說未被重視，持此論者有一代表人物，前人研究先秦思想者未加注意耳。蓋此人卽爲孟子中所云之任人也。試觀：「任人有問屋廬子曰：『禮與食孰重？』曰：『禮重。』『色與禮孰重？』曰：『禮重。』曰：『以禮食則飢而死，不以禮食則得食，必以禮乎？親迎則得妻，不親迎則不得妻，必親迎乎？』屋廬子不能對；明日之鄒以告孟子。孟子曰：『於答是也何有！不揣其本而齊其末，方寸之木，可使高於岑樓。金重於羽者，豈謂一鉤金與一輿羽之謂哉！取食之重者與禮之輕者而比之，奚翅食重！取色之重者與禮之輕者而比之，奚翅色重！往應之曰：『紾兄之臂而奪之食，則得食；不紾則不得食，則將紾之乎？踰東家牆而摟其處子，則得妻；不摟則不得妻，則將摟之乎？』」（告子篇下）。任人以爲食色爲人所共同具有之本性，所持極充分之理由以發問，甚謂食則保持生命，妻則延續後嗣，生命人倫之攸關，以質問於賢者，勢必附和其說而廢禮義矣。而此人實際用心，則在打破禮教，偏重於物質，其意以爲人若遵守禮義行事，斷乎不能踰閑蕩檢；人既欲求生活，何必受禮法限制？質言之，破除禮法，則可爲所欲爲。持此論者卽爲唯物思想之狂徒。每值國家政治腐敗，民生凋敝之際，此項毀敗綱紀之主張更形猖獗，甚至汙衊聖賢，罔顧倫理，自命爲名流學者亦入其彀中而不自知，唱者有心，而和者無意，竟罵先哲之禮法遺教爲「吃人禮教」，大經大法，棄之如遺。吾人須知：中華道統文化中所含之禮義，在處事接物之人際關係上，猶如日月經天，江河行地，萬古常新，不容更易。故云「禮也者，理之不可易者也。」（樂記）。又云「禮從宜，使從俗。」「道德仁義，非禮不成。」「敎訓正俗，非禮不備。」（曲禮）。孟子亦時中之聖者也。如淳于髡問曰：「男女授受不親，禮與？」孟子曰「禮也。」曰：「嫂溺則援之以手乎？」曰：「嫂溺不援，是豺狼也。男女授受不親，禮也；嫂溺援之以手者，權也。」（離婁篇上）。蓋言揆度事物，能知輕重，合乎中道亦卽禮之所當然也，設若嫂溺援手以救其生命，乃義所當爲，自然不背乎禮矣。萬章問曰：「詩云：『娶妻如之何？必告父母。』信斯言也，宜莫如舜；舜之不告而娶，何也？」孟子曰：「告則不得娶。男女居室，人之大倫也。如告，則廢人之大倫，以懟父母；是以不告也。」（萬章篇上）。又云：「不孝有三，無後爲大。舜不告而娶，爲無後也。君子以爲猶告也。」（離婁篇上）。聖人立道設教，衡情度理，譬之天無私覆，地無私載，「取食之重者與禮之輕者而比之，奚翅食重？取色之重者與禮之輕者而比之，奚翅色重？」其膚淺荒謬之論，經孟子簡要示喩乃適足破其狂悖。至若齊人不食嗟來之食，而甘於餓死。（檀弓）。魯人不納投來之寡婦，而願鰥居終身。（詩傳）。後世論之者，如斯拘於禮不得食而死，不得妻而鰥，未免太過，然而較諸蔑棄禮義之盜竊亂賊，殺人越貨，奪人之妻者爲何如乎？若不以禮而取食，作強盜以刼其兄；不以禮而求妻，爲暴徒而摟姦鄰女，似此背禮之行爲能見容於人羣乎？人固不能離物質而生活，但不能蔑棄禮法，無禮法則人將相食，遑論適存於社會？任人爲戰國絕對唯物思想之一派，一如民初共和政體初現，而吳虞陳獨秀等妄人極力提倡反孔排儒之論，摘取禮義道德之輕者而非之，以偏概全，蠱惑人心，此邪說之尤者。惜乎晚近不見衞道之亞聖再世而力闢駁之，使之匿跡銷聲，不得危害於民族國家。慨乎近世不能大力發揚我固有之中華道統文化，致使異族邪說入侵，痛我炎黃子孫遭此浩刧，撫今追昔，豈偶然哉？

㈥宋牼：荀子墨子作宋鈃，莊子逍遙游，韓非子顯學篇又稱為宋榮子。荀子正論篇，韓非子顯學篇，皆稱其「見侮不辱」，「使人不鬥」。莊子天下篇亦稱其見侮不辱，救民之鬥，禁攻寢兵，救世之戰……以禁攻寢兵為外，以情欲寡淺為內」。孟子云：「善戰者服上刑。」蓋以至仁伐至不仁，為不得已而用兵，且仁者無敵，非好戰虐民者可比也。宋子以為天下禍亂不息，由於戰爭之故，戰爭之緣起，因人之不能忍辱而多欲也。故持此說游說時君息兵罷戰，此說一如墨子之節用非攻相類似，其憂世愛人之用心，與墨子之摩頂放踵求利天下亦相同耳。故荀子以宋鈃與墨翟並稱，謂其志在「天下之安寧」，當時之一般游說之士，多為一己之功名利祿計，而宋子獨言寢兵息戰，故孟子稱其志願宏大，惟其所言旨要以利為名有欠修正。如孟子云：

宋牼將之楚，孟子遇於石丘，曰：「先生將何之？」曰：「吾秦、楚搆兵；我將見楚王，說而罷之；楚王不悅，我將見秦王說而罷之：二王我將有遇焉。」曰：「軻也請問其詳，願聞其指。說之將何如？」曰：「我將言其不利也。」曰：先生之志則大矣，先生之號則不可。先生以利說秦楚之王，秦楚之王悅於利，以罷三軍之師，是三軍之士樂罷而悅於利也。為人臣者懷利以事其君，為人子者懷利以事其父，為人弟者懷利以事其兄：是君臣父子兄弟，終去仁義懷利以相接。然而不亡者，未之有也！先生以仁義說秦楚之王，秦楚之王悅於仁義，而罷三軍之師，是三軍之士樂罷而悅於仁義也。爲人臣者懷仁義以事其君，爲人子者懷仁義以事其父，爲人弟者懷仁義以事兄：是君臣父子兄弟，去利懷仁義以相接也。然而不王者，未之有也！何必曰利？（告子篇下）。

蓋人之惟利是視者，雖則義所當爲之事，以重於利而輕於義也，必不肯爲；雖則義所不當爲之事，以重於利而輕於義也，必苟爲之。官吏之於國家，而惟利是圖，必不能效忠；子弟之於父兄，先以利計，必不能孝敬。上下各懷利心而爲，而國未有不亡，天下未有不亂者矣。宋牼說秦楚息兵停戰，其居心至爲正大也，然而說之以不利，則戰禍容或消弭於一時，殊不知好戰者之野心，皆爲私利而發動，倘有利可圖，則戰爭復起。況三軍之士以悅於利而罷戰，則必惟利之端復開，利之肇禍尤甚於交兵。聖賢急於救世，値此功利是務之時，則強國固爲有利而侵略，秦楚兩強相峙，各懷取勝之策，皆以爲有利始構兵；而竟以利說之，豈非促其好戰之心而愈積極？苟以利害爲趣舍，則三軍之士，侵人之國，掠人之財，滿載而歸，殺人多者，更可邀功，豈非大利也？戰爭原爲爭利而起，以不利說之，則三軍之士悅於利以休兵，恐仍以好利而復窮兵黷武，爲害更烈矣。

孟子云：「仁者愛人。」「義者人之正路也。」仁以處之，義以行之。以之爲人，則愛而公；以之爲己，則和而平，以之爲天下國家無所處而不當也。儒家並非不言利，「利者義之和也。」「見利思義。」「以義爲利。」「臨財毋苟得。」以義爲利也。若舍棄仁義以謀財利，勢必營私舞弊，甚而作奸犯科，上下交征，不奪不饜。見利思義，合於義理之利，則有利於己而無損於人也；不合於義理之利，則利於己而必有損於人也。以義爲利，義爲人之正路，若從義中求利，則是正大光明之利，有利於己，亦必有利於人，此天下之公利也。本仁心以興天下之公利者，必不忍自私以言戰；故曰「仁者無敵於天下。」即此義也。戰國之世，諸侯皆惟以功利是尙，強國侵略弱國，兩強則互不相讓，「爭地以戰，殺人盈野。爭城以戰，殺人盈城。」此言當時好戰虐民之慘烈狀況，聖賢以仁存心，故曰「亦有仁義而已矣，何必曰利。」惟仁義是務，自無戰禍，無戰禍則民安物阜，全民樂利，言仁義者雖罕言利，而利自在其中矣；當時莊子對宋牼亦有所非議，足證其說之不以正道，而諸侯正以尙武功重私利之際，以一時之不利爲說，且難於消弭戰禍；反而各以利爲重，則世道人心將更不可收拾矣。然宋牼居心則在奔走和平，休兵罷戰，安定世局，誠屬可嘉。故孟子曉之以仁義之道以爲說辭，則影響所及，上下各懷仁義以相接，誠爲長治久安而臻於盛世之本也。

第十一章　道統文化

第一節　儒家宗師

中華道統文化，自堯舜禹湯文武周公孔子孟子一脈相傳，迨至先秦業已燦然大備。舉凡文物制度，政教攸關之典章碩畫，賢哲之學術思想，迄於今而不能脫此範疇。數千餘年之過程，其間局勢，一治一亂；稽考致亂之由，皆因政教措施背棄儒家之正道。孟子云：「上無道揆也，下無法守也；朝不信道，工不信度；君子犯義，小人犯刑：國之所存者，幸也。」（離婁篇上。）昏君無道，自然不能信仰古先聖王之道，吏胥罔顧道義，民衆藐視法紀，上下失序，鮮有不天下大亂者也。及至民不堪命，奮起抗暴而革命，在干戈擾攘之秋，教化風俗愈因之而失其正軌，甚至是非顛倒，黑白不分。當此時際，不乏懷瑾握瑜之士，蒿目時艱，委心以謀安上全下之策，針對時勢，各抒懷抱發爲文辭以救亂世。羣哲紛出，百家爭鳴，固其然也。第其悲天閔人之胸懷或無二致；以其所宗主之道統偏差，而於世道人心之影響，勢必復於致禍更有不堪設想者矣。

中華道統文化至孔子而集其大成，歷萬世而不替；儒家之宗師惟獨孔子，能繼承此道統宏揚此道統者，厥惟孟子。蓋後世之學術思，若能一本孔孟二聖之大道以立言，其政教之功，自能造福於國家民族；擴而充之，適足以拯救世界人類而臻於大同。孔孟之道，天下之正道也；本斯正道發爲言論，天下之公言也。放諸四海而皆準，百世以俟聖人而不惑。倘有背此正道以立言，則爲邪說也；邪說誣民，則無異率獸食人。考諸史實，信而有徵矣。

梁任公云：「孔教者，懸日月，塞天地，萬古不能滅者也。他教惟以儀式爲重也，故自由昌而儀式亡；惟以迷信爲歸也，故眞理明而迷信替。其與將來之文明絕不相容。天演之公例則然也。孔教乃異是；其所教者，人之何以爲人也，人羣之何以爲羣也，國家之何以爲國也。凡此者，文明愈進，則其研究之也愈要。」（飲冰室文集。）儒家以孔子爲宗師者何也？以其道之上本天道，下賅人事，盡人之性，盡物之性，贊天地之化育。如四時措行，如日月代明，四行六關，運行不息，無乎不通也。故曰：「唯天下至聖，爲能聰明睿知，足以有臨也；寬裕溫柔，足以有容也；發強剛毅，足以有執也；齊莊中正，足以有敬也；文理密察，足以有別也。溥博淵泉，而時出之。溥博如天，淵泉如淵。見而民莫不敬，言而民莫不信，行而民莫不說。是以聲名洋溢乎中國，施及蠻貊。舟車所至，人力所通；天之所覆，地之所載，日月所照，霜露所隊；凡有血氣者，莫不尊親。故曰配天」（中庸。）斯乃說明至聖孔子之德侔天地，道冠古今。中國之儒家何以能駕乎諸家之上，經萬世而不替？何以巍然居正統地位，歷千刧而不變？蓋以其所宗師之至聖正道上下與天地同流，萬物並育，而不相害，道並行，而不相悖。此道昌明，必致昇平盛世；此道屯蹇，乃遭禍亂災殃。考諸史實，證之今世，靡不驗矣。

第二節　儒外較著三家

一、墨家

(一)兼愛

墨子泛論治天下，撥亂反正之要道，在於「兼相愛」，「交相利」。「以自苦爲極」而憔悴其身，似此舍己爲人之精神誠可貴也。其兼愛在於利人；利人勢必節用以自苦，自苦之不足，而復倡行節葬非樂，舉凡衣服居處，美味娛樂，皆在廢除之列，其自行大有示範作用，其宏論勢足以煽動當時之士子。呂氏春秋有度篇云：「孔墨之弟子徒屬，充滿天下。」足以證明墨家之勢力足以與儒家相抗衡。推究其理論，汗漫質實，不乏切中時弊之旨要；裨益於世道人心之箴石也。墨子云：「聖人以治天下爲事者也：不可不察亂之所自起；當察亂之何自起？起不相愛；臣子之不孝君父，所謂亂也。子自愛，不愛父，故虧父而自利。弟自愛，不愛兄，故虧兄而自利。臣自愛，不愛君，故虧君而自利。此所謂亂也。雖父之不慈子，兄之不慈弟，君之不慈臣，此亦天下之所謂亂也。」（兼愛上。）此論當爲墨家持之有故，言之成理也。蓋「愛」與「慈」亦誠弭亂之至德也，然由於其「兼」而勢必失之於偏矣。若反而論之：子不自愛，能愛父乎？弟不自愛，能愛兄乎？臣不自愛，能愛君乎？顏子云：「智者自知，仁者自愛。」孔子以士君子許之。（孔子家語三恕。）孔子云：「所求乎子，以事父未能也；所求乎臣，以事君未能也；所求乎弟，以事兄未能也」。（中庸。）聖人倫常之道，有諸己，而後求諸人。夫微之顯，極高明而道中庸。孔子又復贊美文王云：「爲人君，止於仁；爲人臣，止於敬；爲人子，止於孝；爲人父，止於慈。（大學。）儒家之宗師於斯君臣父子兄弟倫理之情義，未嘗逐一言愛之兼也，然以自愛自重之修行，行而是爲天下法，推己以及人，自然君惠臣忠，父慈子孝，兄友弟悌。彝倫攸叙而天下平矣。

墨子又云：「視人家若其家，視人國若其國，視人身若其身。」（兼愛中。）儒家言身修、家齊、國治、天下平。而墨子此說，誠如孟子所云：「不揣其本，而齊其末，方寸之木，可使高於岑樓。」（告子篇下。）墨子倡兼愛之說，即當時士人亦多非之者，曰：「兼即仁矣義矣，雖然，豈可爲哉？吾譬兼之不可爲也，猶挈泰山以超江河也。故兼者直願之也，夫豈可爲之物哉？」（兼愛下。）「兼愛」固爲墨子之中心思想，亦足見其舍己爲人之精神。孟子云：「墨子兼愛，摩頂放踵利天下，爲之。」（盡心篇上。）所謂兼愛者，無人己親疏厚薄之分；無上下畛域之見。兼相愛，故非攻，故云：「天下之亂，起於不相愛。」此言固不差矣。然而兼愛卽愛無差等也，如其云：「視人之國若其國，視人之家若其家，視人之身若其身。」蓋吾之國土，山川寶藏貨殖之利，吾得隨地開發而據有之；若視人之國若其國，則人之國土，其山川寶藏貨殖之利，吾亦得隨地開發而據有之乎？夫吾家之珍品財物，吾得隨意取而用之，若視人之家若其家，則人家之珍品財物吾亦得取而用之乎？其視人之身若其身，蓋天下之億兆人也，人之處境各自不同，仰事俯畜，富貴貧賤，衰老疾病，雜頭萬端各兼而代之，眞不啻欲挈泰山以超江河，是誠不能也。既知不能行，自宜各守其分，身修自然家齊；家齊自然國治；國治而天下平矣，胡以慮亂爲？兼愛既不協和人情，而難於實行，雖其稽古博引聖帝明王之征伐，以至仁伐至不仁，拯民於水火，而亦曰兼愛，欲蓋彌彰，強辭奪理，孟子闢斥之爲邪說固宜矣。

㈡非攻

蓋言好戰虐民，窮兵黷武。無端挑釁，侵攻鄰邦。僥倖而得逞者，傷人一千，自損八百，且兵凶戰危，率多兩敗俱傷。識如以至仁伐至不仁，與湯武之革命征討有罪，則不得並論矣；況春秋無義戰，列國交鬨，爭城爭地，不啻率土地食人肉。墨子云：「計其所自勝，無所可用也。計其所得，反不如所喪者之多，」則以爲國民重要，土地次之，攻城略地，草菅民命，非所當爲也。又云：「然則土地者，所有餘也；王民者，所不足也。今盡王民之死，嚴上下之患，以爭虛城，則是棄所不足，而重所有餘也。爲政若此，非國之務者也。』（非攻中。）墨子此論，推其居心、仁之端也。然其根於兼愛以立言，似嫌未中肯綮，所執者偏也。殊不知賢聖之君未有不愼於攻伐者也。若爲殘賊之獨夫，人人得而誅之；誅一殘賊而安天下之民，其仁德之博，孰有過於此也。故曰仁者無敵於天下。然仁者征伐亦至愼重其事也。孟子云：「惟仁者，爲能以大事小；是故：湯事葛，文王事昆夷。惟智者，爲能以小事大；故太王事獯鬻，句踐事吳。以大事小者，樂天者也；以小事大者，畏天者也。樂天者保天下，畏天者保其國。」（梁惠王篇下。）聖帝明王之討伐用兵，蓋出於不得已耳。所謂「樂天者」，斷非狡猾親善而圖侵呑人之國也，所謂「畏天者」，絕不諂媚奉承，以謀顚覆人之國也。亡者自亡也，强者自强也。仁者誅暴以安民，固不得謂之「攻伐」也。孟子身處戰國之世，目睹諸侯交鬨攻伐殺戮之慘烈，而最爲反對好戰虐民者，然齊宣王以好勇見告於孟子；孟子請其勿好小勇，而尚大勇。乃引詩曰：「王赫斯怒，爰整其旅；以遏徂莒，以篤周祜，以對於天下。」此文王之勇也。文王一怒而安天下之民。」復引書曰：「天降下民，作之君，作之師，惟曰：『其助上帝，寵之四方；有罪無罪，惟我在，天下曷敢有越厥志。』「一人衡行於天下，武王恥之；此武王之勇也。而武王亦一怒而安天下之民。」（梁惠王篇下。）蓋墨子只見大道之一端，而未能盡窺其全體，所見偏於兼者，則趨於濫，濫則有害於斯道也；所見偏於淺者，則趨於浮，浮則有害於斯道也。

墨子云：「夫無兼國覆軍，賊虐萬民，以亂聖人之緒。意將以爲利天乎？夫取天之人，以攻天之邑，此刺殺天民，剝振神之位，傾覆社稷，攘殺其犧牲，則此上不中天之利矣。意將以爲利鬼乎？夫殺之人，滅鬼神之主，廢滅先王，賊虐萬民，百姓離散，則此中不中鬼之利矣。意將以爲利人乎？夫殺之人爲利人也博矣，又計其費，此爲周生之本，竭天下百姓之財用，不可勝數也，則此下不中人之利矣。」此論兼賅天人鬼神，益見汗漫而無當。列國交鬨，兵連禍結，則由諸侯缺乏仁義之觀念，以墨子在當時號召力之强，徒屬之衆，而下倡行仁義之政以遏阻戰禍，發此怪誕之論，欲以止戰，豈非揚湯而止沸？蓋不知殘賊虐民之酋，未有不好戰者也。殺人愈多，則愈自豪，滅國愈衆，則愈自狂。似此元凶大憝，非大張撻伐無以拯萬民以定萬邦也。墨子倡「非攻」之論，卽時人其自認亦有非之者曰：「以攻伐之爲不義，非利物與？昔者禹征有苗，湯伐桀，武王伐紂，此皆立爲聖王，是何故也？」（非攻下。墨子雖復大肆辯駁，所引據者多屬離奇怪異，雖則持之有故，而言之成理，第恐仁者無足以取法，而暴者難得以膺懲也。

㈢尚　賢

墨子云：「今也天下之士君子，皆欲富貴而惡貧賤，莫若爲賢；爲賢之道將奈何？曰：

有力者疾以助人，有財者勉以分人，有道者勸以敎人。若此則飢者得食，寒者得衣，亂者得治。若飢則得食，寒則得衣，亂則得治，此安生生。」（尙賢下。）蓋儒家政治思想，首重選用賢能。故曰：「見賢而不能擧，擧而不能先，命也。」（大學。）敷治國計民務，非賢才無以奏膚功，反之，溷儕簪纓者盡庸鄙小人，其國之不亡者，幸也。孔子答魯君哀公問政曰：「文武之政，布在方策。其人存，則其政擧；其人亡，則其政息……義者宜也，尊賢爲大。」（中庸。）涵養之功，治平之道，唯獨賢者所具有，且夫賢者爲才德兼備之士也；才足以治事，而德足以服衆也。然而進賢尤當愼重其事，否則，難以不受小人之蒙蔽。賢者訥於言，小人佞而諛；進賢者難辨也；賢者耻於奔走，小人善於鑽營，進賢者當察也。是故孟子見齊宣王曰：「國君進賢，如不得已，將使卑踰尊，疏踰戚，可不愼與？左右皆曰賢，未可也；諸大夫皆曰賢，未可也；國人皆曰賢，然後察之；見賢焉，然後用之。左右皆曰不可，勿聽；諸大夫皆曰不可，然後察之；見不可焉，然後去之。」（梁惠王篇下。）黜陟幽明，所宜深愼，漢之興也憑三傑，舜之治也殛四凶。「秦誓曰：若有一个臣，斷斷兮無他技；其心休休焉，其如有容焉；人之有技，若己有之；人之彥聖，其心好之；不啻若自其口出，實能容之；以能保我子孫黎民，尙亦有利哉！人之有技，媢疾以惡之；人之彥聖，而違之俾不通；實不能容；以不能保我子孫黎民，亦曰殆哉！唯仁人放流之，迸諸四夷，不與同中國。此謂唯仁人爲能愛人，能惡人。」（大學。）果是賢能輔弼，伐天敷化，萬民瞻仰。協和百僚，臻於郅治。垂紳端笏，不動聲色而措天下於泰山之安，誠所謂社稷之臣矣。萬一不幸而巨奸得寵，欺君罔上，嫉賢害能。一旦國家有難，爲逞奸謀，不惜屈膝事敵，出賣民族。似此事例「古今多有，故不宜不預爲之防，幸能早爲洞燭其奸而誅除之，以免烝民受其荼毒，而謀國家長治久安之策也。

墨子云：「今王公大人，其所富，其所貴，皆王公大人骨肉之親。無故富貴，面目美好者也。（尚賢下。）果屬賢者，則外舉不避讎，內舉不避子，亦無可非議。治國以賢，乃蒼生所託命者也。若非賢者，以憑權勢徇私暱寵，登庸者不論君子小人，惟狎近親情是視，則國家未有不敗亡者也。墨子所論凡屬王公大人骨肉之親，則盡富貴之；其富貴之者並未言明是否有賢者在其中；是其言「尚賢」之有所偏也。溯周自太王、王季、文王、武王、成王、康王，凡六傳皆屬骨肉之親，然而皆爲賢者，其各繼志述事，建立典章制度，嘉惠後世無窮。至若堯有十子以禪舜，舜有九子以禪禹。唐虞聖帝不傳子，而傳賢。萬世垂範，稱頌靡已。然至於禹不傳賢而傳子，後世亦有疑之者。萬章問曰：「至於禹而德衰，不傳於賢而傳於子，有諸？孟子曰：「否，不然也。天與賢，則與賢；天與子，則與子……朝覲訟獄者，不之益而啓，曰：吾君之子也。謳歌者，不謳歌益而謳歌啓，曰：吾君之子也。」（萬章篇上。）禹雖嘗薦益於天，然啓爲賢者，民心歸往，亦不得謂「王公大人偏私富貴其骨肉之親」也。至於墨子云：「無故富貴面目美好者。」便僻善柔，讒諂面諛之人，面目美好，心懷奸詐，若無故而富貴此輩小人，然而不亡者，未之有也。

孟子曰：「古之賢王，好善而忘勢；古之賢士，何獨不然！樂其道而忘人之勢。故王公不致敬盡禮，則下得亟見之；見且猶不得亟，而況得而臣之乎？」（盡心篇上。）位極尊者爲民物之主；德至重者乃帝王之師。伊尹太公，乃耕莘釣渭之野叟也；商湯周文，爲御宇臨民之侯王也。竟不惜枉顧以禮聘而再三，是誠所謂尊德樂道，好善而忘勢者也。蓋聖帝明王，不以位高而屈己者，尚禮也；賢士君子，不以位下而自卑者，樂道也。故相得而益彰，實爲天下幸。故孟子曰：「欲見賢人而不以其道，猶欲其入而閉之門也。」（萬章篇下。）孟子所論者，較諸墨子則透闢信而有據矣。

㈣其他

墨家之說，以「兼愛」「非攻」「尚賢」等篇，與儒家所持論者作一比較，自見其偏頗入邪，不能循乎常道正軌已顯然矣。然墨子云：「國家昏亂，則語之尚賢尚同。國家貧，則語之節用節葬。國家憙音湛湎，則語之非樂非命。國家淫僻無禮，則語之尊天事鬼。國家務奪侵凌，即語之兼愛非攻。」（魯問。）墨子針對當時弊害，志切救世，以拯人民疾苦，不惜刻苦自己。似此愛人勝於愛己之精神，誠屬難能而可貴者也。故莊子亦曾贊之曰：「墨子眞天下之好也，將求之不可得也。」（天下篇。）墨子之尙賢者，言王公大人皆能不偏私於骨肉之親，不受便僻善柔諂諛之蠱惑，爲「政事之本」。亦與儒家之尊賢使能之義同。其尙同之說，以爲天下之主義必須一致，國家之政令必須上下貫徹，亦有其獨到見地。墨子云：「鄉長之所是必皆是之，鄉長之所非必皆非之。國君之所是必皆是之，國君之所非必皆非之。天子之所是皆是之，天子之所非皆非之。」（尙同篇。）此項主張，則爲主義統一，政令貫徹也。然此說易於惹人誤解爲獨裁政制。第其尙同篇又云：「是故里長者，里之仁人也；鄉長者，鄉之仁人也；國君者，國之仁人也；天子者，固天下之仁人也。舉天下之萬民以法天子，夫天下何說而不治哉？此論亦與儒家所謂「賢者在位」同。同篇又云：「上之爲政，得下之情，則治；不得下之情，則亂。」天子能同一天下之義，合於天下之情，風行草偃，上行下效。此亦不悖乎民主政治之義矣。

墨子云：「昔三代聖王，禹湯文武，此順天意而得賞者也；昔三代之暴王，桀紂幽厲，此反天意而得罰者也。然則禹湯文武，其得賞何以也？其事上尊天，中事鬼神，下愛人。」（天志上篇。）蓋以其人之爲惡，由於無所忌憚，在有形之法律和無形之道德不能制止約束時，而假以尊天事鬼藉其靈威以懾服人心，乃能戒除邪惡作亂之行。是故同篇又云：「天欲義而惡不義，然則率天下之百姓以從事於義，則我乃爲天之所欲也。」謂「愛人利人順天之意得天之賞；憎人賊人反天之意得天之罰。得罪於天，將無所避逃之者矣。」（天志下篇。）孔子云：「鬼神之爲德，其盛矣乎！視之而弗見，聽之而弗聞，體物而不可遺；使天下之人齋明盛服，以承祭祀，洋洋乎乎如在其上，如在其左右。」（中庸。）儒家並非不信鬼神，蓋以鬼神爲陰陽之靈氣也。人居於陰陽靈氣之中，其感應無時不在；見人爲之善者則有所激發；知人爲之惡者有所懲創。雖至聖亦云弗見弗聞者，以其無聲無形也。然而徧體萬物；萬物莫之能遺也。日往月來，寒暑相推，是其陰陽之靈氣也；春生夏長，秋收多藏，是其陰陽之靈氣也。至若天地造化之功，風動、雨潤、雷震、日晅，無一時而不顯示鬼神之爲德也。又云：「夫微之顯，誠之不可揜如此夫。」（中庸。）陰陽二氣之合散屈伸，皆眞實無妄之現象，蓋言鬼神之爲德，無所而不在，故以隱微也；運行推移，乃昭明而至顯也。墨子云：「吏治官府之不潔廉，男女之爲無別者，鬼神見之。民之爲淫暴寇亂盜賊，以兵刃毒藥水火，退無罪人乎道路，奪人車馬衣裘以自利者，有鬼神見之。」（明鬼篇。）以藉鬼神之德威，言能賞善罰暴，戒除邪慝，其彰善癉惡，敷化淑世之用心，與儒家不無相同之處。然儒家所言鬼神之德，由微之顯；而墨家所言鬼神之德，由顯之微。儒家所言鬼神爲德之微者：無聲無形，聽之弗聞，視之弗見也；所言鬼神爲德之顯者：飛潛動植，盈虛消息，至爲昭明也。墨子所言鬼神爲德之顯者：有聲有形，聽之有聞，視之有見也；所言鬼神爲德之微者：舉史列證，難賅至理，跡近怪誕也。儒家所言隱微者，乃鬼神之潛德也；所言顯明者，乃鬼神之常道也。墨家所言「見鬼神之物，聞鬼神之聲。」怪異也。

墨子生當戰國之世，目睹時君宮室衣食，奢侈無度，暴奪民財，使民飢寒交迫，因之作姦釀亂。故墨子云：「當今之主，其爲宮室，臺榭曲直之望，靑黃刻鏤之飾。爲宮室若此，故左右皆法象之，是以其財不足以待凶饑，振孤寡，故國貧而民難治也。」（辭過篇。）以爲宮室車馬，衣食力求節儉，儲蓄財力以備水旱凶饑。此實保民養民之道也。又以天子諸侯之喪，以金玉珠璣車馬藏乎壙，鼎鼓几梴戈劍羽而埋之。甚有天子殺人殉葬之慘事。故主張短喪薄葬，以節省人力財力，富國利民。（見節葬篇。）墨子爲民，志在興利除害，養民便民，以見當時之王公大人耽於淫樂，廢時害政，危及國家；一般官吏悅於樂，必致怠忽職守，不能竭其智力，以發展國家經濟。墨子云：「今惟毋在乎王公大人，說樂而聽之，卽必不能蚤朝晏退，聽獄治政。是故國家亂而社稷危矣。今惟毋在乎士君子，說樂而聽之，卽必不能竭股肱之力，亶其思慮之智，內治官府，外收斂關市山林澤梁之利，以實倉廩府庫，是故倉廩府庫不實。」（非樂上篇。）墨子「非樂」，只就淫泆康樂，廢時害政一面觀察，是未知禮以淑性，樂以陶情，聖王德化，罔不假於禮樂以奏其膚功也。孔子云：「昔者舜彈五絃之琴，造南風之詩……故其興也勃焉。德如泉流，至于今王公大人述而弗忘。殷紂好爲北鄙之聲，其廢也忽焉。至于今王公大人舉以爲誡。」（孔子家語辯樂解。）人有善惡，樂有邪正。舉世國家之盛衰興亡，聞其樂便可知之矣。例如吳公子季札至魯聘問，請求參觀周朝全部音樂，魯使樂工爲之徧歌列國之樂，聞其樂便一一知其治亂興衰。將終其觀，「見舞大夏者，曰：美哉！勤而不德，非禹其誰能修之？見舞韶箾者，曰：德、至矣哉，大矣！如天之無不幬也，如地之無不載也。雖甚盛德，其蔑以加於此矣，觀止矣。」（左傳襄公二十九年。）自古及今，國家之樂不可廢也。墨子云：「民有三患：飢者不得食，寒者不得衣，勞者不得息；三者民之巨患也。然即當爲之撞巨鐘，擊鳴鼓，彈琴瑟，吹竽笙，而揚干戚，民衣食之財，將安可得乎？」（非樂上篇。）此乃強辭奪理，若一個國家禮壞樂崩，喪情滅性，犯上作亂，奸邪是謀，兵連禍結，民不堪命。遑言衣食財富而得休息乎？孔子曰：「樂云樂云，鐘鼓云乎哉！」（論語陽貨篇。）樂以和爲本，作樂以宣湮鬱，鐘鼓乃樂之器也，用以表達於和，故器爲樂之末也。墨子僅言撞鐘擊鼓，彈琴吹竽等樂之器，發於聲末節也；樂主和得其正，大本也。孔子又云：「人而不仁，如禮何！人而不仁，如樂何！」（論語八佾篇。）此處聖人言禮，即指玉帛；言樂則謂鐘鼓。蓋仁者之心，天理流行，自與禮樂關聯密切，所行無乎不通。若非仁者，私欲充塞，雖則玉帛交錯，鐘鼓鏗鏘，故無禮樂何也。孔子云：「惡鄭聲之亂雅樂也。」（論語陽貨篇）郅治入化之道，非禮樂無以陶養萬民之性情。而在上者苟爲不仁，自必喜愛淫聲。紂之將亡也，使師涓爲淫聲，作靡靡之樂。（史記殷本紀。）樂之正者無不興邦，聲之淫者足以亡國。孔子在齊聞韶樂，盡善盡美。學之三月，口不知肉味，其一心之專誠可見，且復歎美而感至深也。（論語述而篇。）又如：「齊人歸女樂，季桓子受之，三日不朝，孔子行。」（論語微子篇。）案史記魯定公十四年，孔子爲魯司寇，攝行相事。政簡刑清，夜不閉戶，路不拾遺。齊人懼魯之治而將強也，故饋女樂以沮之。蓋樂惟以女爲之，殆盡蕩婦淫娃所組成。魯君見斯而悅樂之，竟怠忽荒政以至於此。故以其簡賢棄禮已不足與有爲，孔子所以行者，誠所謂見幾而作，不俟終日者矣。儒家時常以禮樂並論，禮者天理之節文，人事之儀則也。君子能不爲利欲所擾，不爲事物所奪者，蓋本於禮也。樂者具有五聲十二律，更唱迭和，以爲歌舞八音之節，可以養人性情之正，而蕩滌其邪穢，消融其渣滓也。故孔子曰：「立於禮，成於樂」。（論語泰伯篇。）墨子重實用尚節儉，故云「樂器不如舟車之有利也。」是其不知禮樂於政教之功效，倡「非樂」亦欺惑愚衆之論耳。

墨子在飲食則曰：「足以充虛繼氣，強股肱，耳目聰明則止。不極五味之調，芬香之和，不致遠國珍怪之物。」在衣服則曰：「冬服紺緅之衣，輕且暖；夏服絺綌之衣，輕且凊則止。諸加費，不加於民利者，聖王弗爲。」（節用篇。）以爲食則果腹養體而已足，不必調和五味，遠致珍怪以加費；衣則蔽身多禦寒夏輕凊而已足，不必錦衣繡裳，多所浪費，於宮室又云：「其旁可以圉風寒，上可以圉雪霜雨露，其中蠲潔，可以祭祀，宮牆足以爲男女之別，則止。」（同上篇）。節儉固爲人之美德，然而以節儉無不節儉；則必不能衡情度理，流於固陋。其非樂只見所悅非正荒淫奢靡之一面；昧其禮樂爲聖明政教入化之功。雖然持之有故，而言之成理，奚啻坐井而觀天，因噎以廢食也。欲戒奢葬，固亦不宜堅持極端相反之論，以薄葬爲可貴。然而重資財，薄父母，固爲人子所不忍，故墨者夷子葬其親厚，孟子譏其「以所賤事親也。」似此偏激之論，卽墨家信徒亦不能實行，焉能責諸衆民而行之乎？墨子既云：「人死而爲鬼」，宜「潔爲酒醴粢盛，以敬愼祭祀。」方不「逆民人孝子之行。」（明鬼篇。）蓋孝子之心，生養、死葬、祭祀各盡其禮。墨子獨倡薄葬其親，前後矛盾處甚多，自與儒家所持論者迥乎不同。孔子曰：「啜菽飲水盡其歡，斯之謂孝；斂首足形，還葬而無椁，稱其財，斯之謂禮。」（檀弓。）儒道之論事親，以其富貴貧賤，各本其分，盡情合禮，自無偏激之論，世人遵之簡而易行，墨子之刻苦自勵，從善好義之精神，實有令人欽崇之處，惜乎所論有乖中道也。故莊子評之云：「其生也勤，其死也薄，其道大觳。使人憂，使人悲，其行難爲也。反天下之心，天下不堪，墨子雖能獨任，奈天下何？離於天下，其去王也遠矣。」（天下篇。）蓋言天下之人皆不能行其道也明矣。

二、法　家

漢書藝文志：「法家者流，蓋出於理官，信賞必罰，以輔禮制。」管仲子產等爲先秦前期之法家，然而論政治則以道德爲依據，凡屬道德之所不能約束者，則輔之以法律，其用心立論，頗與儒家相似。故孔子曰：「桓公九合諸侯，不以兵車，管仲之力也。如其仁！如其仁！」並稱子產爲「惠人」。（論語憲問篇。）孔子對管仲子產時有稱贊。范宣子執晉國之政，諸侯朝晉者賄賂之弊較往爲重，子產致書告之勿圖諸侯之賄賂，宜使四鄰諸侯聞其令名令德，故云：「夫令名，德之輿也，德，國家之基也；有基無壞，無亦是務乎？」（左傳襄公二十四年。）子產重德治，在內政養民之惠，於外交懷諸侯以德，與儒家之政治以德化民，甚有相同之處。管子則主張賞罰嚴明，刑政舉措，各有定律。犯罪者服刑而無怨，善良者明刑而不驚。如管子云：

「制斷五刑，各當其名，罪人不怨，善人不驚，曰刑。正之服之，勝之飾之，必嚴其令，而民則之，曰政。如四時之不貳，如星辰之不變，如宵如晝，如陰如陽，如日月之明，曰法。」（正第。）而凡屬聖君明王，不自恃其聰明睿智，本大公無私之正道以化萬民，使民尚誠信，守法紀，人主用其道則不必煩憂心思，勞動體力，而自達於至治。故又云：

「聖君任法而不任智，任數而不任說，任公而不任私，任大道而不任小物。然後身佚而天下治。失君則不然：舍法而任智，故民舍事而好譽；舍數而任說，故民舍實而好言；舍公而好私，故民離法而妄行；舍大道而任小物，故上勞煩，百姓迷惑，而國家不治。聖君則不然：守要道，處佚樂，馳騁弋獵，鐘鼓竽瑟，宮中之樂，無禁圉也。不思不慮，不憂不圖，利身體，便形軀，養壽命，垂拱而天下治。」（任法。）管子極力主張定刑法，明義禮，其間雖與儒家之保民養民之政有相同處。但其任法爲治，惟刑政是務，未免刻薄而寡恩。嚴刑峻法，在於禁惡，而民畏威無所懷德，雖然不敢爲惡，而爲惡之心未嘗泯也。是故孔子曰：「道之以政，齊之以刑，民免而無恥。道之以德，齊之以禮，有恥且格。」（論語爲政。）

先秦後期法家爲申不害韓非。學術思想之產生，率多由其時代背景爲依據，當戰國之世，邪說橫流，政教失其統類，人心險惡，道德已不能爲之防，故有治亂世用重典之主張。故云：「聖王之立法也，其賞足以勸善；其威足以勝暴；其備足以完法。」「今天下無一伯夷，而姦人不絕世。故立法度量，度量信，則伯夷不失是，而盜跖不得非；法分明，則賢不得奪不肖，強不得侵弱，衆不得暴寡。」（韓非子守道）。蓋儒家言典刑，重禮法，惟以仁義是務，而終歸於德化，非同法家之純爲任法，純任法爲治者，欲以嚴刑峻法以懾服人心，猶如揚湯止沸也。如云：「故有道之主，遠仁義，去智能，服之以法。」（韓非子說疑）。蓋純任法以爲治，意謂不須賢能便達至治。申子云：「君必有明法正義，若懸權衡，以稱輕重，所以一羣臣也。」韓非子又云：「釋法術而任心治，堯不能正一國；去規矩而妄臆度，奚仲不能成一輪。」（用人篇）。任法之論，證之以權衡規矩，是誠萬古不易之理也。度量權衡，乃制物之利器也；法術，乃治國之利器也。故愼子云：「君人者，舍法而以心治，則誅賞予奪，從君心出矣，然受賞者雖當，望多無窮；受罰者雖當，望輕無已；君舍法，而以心裁輕重，則同功殊賞，同罪殊罰矣。怨之所由生也。」（君人篇）。是則謂賞罰概取決於法制，乃公平而無怨矣。純任法治之法家，主張絕對專制，一國之政令由君主一人行使，統一指揮，用刑賞之威以制臣下；而臣下須絕對服從君令。不但不得爲非，亦且不得行義；爲非固違背君令；行義亦僭越君權。故曰：「人主者，以刑德制臣者也，今君人者釋其刑德，而使臣用之，則君反制於臣矣。」（韓非子二柄）。「臣制財利，則主失德；臣擅行令，則主失制；臣得行義，則主失名；臣得樹人，則主失黨。此人主之所以獨擅也。」（韓非子主道）。商子亦云：「權者，君之所獨制也。」「權制獨斷於君則威。」（修權）。蓋言專制獨裁之法令，縱有弊害，臣民亦不得有所評議，故云：「言行不軌於法令者，必禁。」（韓非子問辯）。先秦法家可謂極端專制獨裁，歷代暴君資此以虐民矣。

法家主張嚴刑重罰，最反對儒家所崇尚之德政惠政，以爲德政足以啓人民依賴政府之心；惠政足以使人民無功受賞，皆爲不公之擧也。故云：「上設重刑者而姦盡止，姦盡止，則此奚傷於民也；所謂重刑者，姦之所利者細，而上之所加焉者大也。民不以小利蒙大罪，故姦必止者也。所謂輕刑者，姦之所利者大，上之所加焉者小也。民慕其利而傲其罪，故姦不止也。」（韓非子六反）。「歛民懷惠，惠之爲政，無功者受賞，則有罪者免，此法之所以敗也，法敗而政亂，以亂政治敗民，未見其可也。」（韓非子難三）。商子亦云：「故善治者刑不善，而不賞善；故不刑而民善，不刑而民善，刑重也，刑重民不敢犯。（畫策篇）。任法爲治之法家，惟法是務，罔顧人民死活，如云：「秦大饑，應侯請曰，五苑之草著，菜橡果棗栗，足以活民。請發之。昭襄王曰，吾秦法，使民有功而受賞，有罪而受誅，今發五苑之蔬果者，使民有功與無功俱賞也；夫使民有功與無功俱賞者，此亂之道也，夫發五苑而亂，不如棄棗蔬而治。一曰，令發五苑之蓏蔬棗栗足以活民，是使民有功與無功互爭取也。夫生而亂，不如死而治。」（韓非子外儲說右下。）任法殘忍不仁，如秦襄王一本秦法之賞功罰罪，寧棄蔬果爲無用，凶年大饑，坐視人民餓死，亦不肯變其賞罰之法也。殘矣。

法家甚至認爲詩、書、禮、樂、善、修、孝、悌，皆無益於治，其國貧弱，由於士人。商子云：「國用詩、書、禮、樂、孝、悌、善、修治者，敵至必削國，不至必貧國。國不用士者治，敵不敢至，雖至必却。」（去彊）。法家論人民之一切行爲皆須斷之於法，即德行善事不足爲貴，且謂明主論實事，不重仁義。故云：「大嚴家無悍虜，而慈母有敗子。吾以此知威勢之可以禁暴，而德厚之不足以止亂也。夫聖人之治國，不恃人之爲吾善也，而用其不得爲非也；恃人之爲吾善也，境內不什數，用人不得爲非，一國可使齊。」又云：「明主舉實事，去無用，不道仁義。（韓非子顯學篇）。韓子所持論者，人主之權在於以法制人，有功者重賞，犯罪者嚴誅，操持法術，使臣下不敢或欺也。故云：「人主處制人之勢，有一國之厚，重賞嚴誅，得操其柄，以修明術之所燭，雖有田常子罕之臣，不敢欺也。」（韓非子五蠹）。

法家之言治，一本其嚴刑峻法，在於信賞必罰，極端推崇君主之權勢，任法以鉗制衆民之行爲，集政權於君主一人，勢必造成專制獨裁。況法者乃制裁有形者也，若在上位之人君任刑戮而不行仁政，絕仁去義，廢棄禮樂孝弟，詩書善修者亦置之不理，似此親政臨民之主，待天下之臣民若繫囚，無君臣上下之分，殘酷寡恩，則臣民必視君主如寇讐，而其國家未有不敗亡者也。曠觀昇平至治之盛世，幾至囹圄空虛，夜不閉戶，路不拾遺，刑措不用，罔不以詩書禮樂之雅化而奏膚公。蓋法之嚴者莫若嬴秦政，其爲皇帝以刀鋸鼎鑊待天下之士，偶語者棄市，誹謗者夷族，網羅可謂密矣。無如一旦民不畏死，羣起抗暴，國遂以亡。泛論嬴秦之短祚，其過固不止一端，而殘賊任法爲其主因。法家非但主張廢棄仁義道德，而無不實行愚民政策，具有任何善良建議皆不爲其容納，故云：「天下之吏民，雖有賢良辯慧，不能開一言以枉法。雖有千金，不能以用一銖。故知詐賢能者，皆作而爲善，皆務自治奉公，民愚則易治也。」（商君書定分）。天下之生，一治一亂。亂極思治；治極生亂，循環有數。有王者興，撥亂反治，莫不順民具有之善性，興禮樂之化，崇詩書之敎，修其孝弟忠信。省刑罰，薄稅斂，使民各安其正業，養其貞廉，恥於爲惡，化行而俗美，天下蒙其福。法家之說，雖則持之有故，而言之成理，迎合暴君殘賊之心理，即能鞭撻九有，橫噬六合，而在執法者固足炫耀於一時，殊不知殺身亡國之勢將不遠矣。任法而不任人，法雖不足以害民，而執法者非其人，則未有不害民者也。尤其法家主張君權專制獨斷，獨斷專行之君，罔不師心自用，使臣民畏其威，以固其權勢而宰制天下。故曰：「權者，君之所獨制也。人主失守則危，君臣釋法任私必亂，故立法明分，而不以私害法則治，權制獨斷於君則威。」（商君書修權）。

三、道家

蓋言人類具有自然之天性，天性者，天賦之本性也。自然者，天之道也。觀夫宇宙萬物，飛潛動植，卵胎濕化，各遂其生，乃自然之定理也；陰陽覆載，寒暑相推，剛柔相濟，乃自然之規律也。書云：「欽崇天道，永保天命。」（仲虺之誥）。此言君主亦必須敬謹尊崇上天之道，始可長久保持天命之位。尚書論及盛衰興亡，徵諸天道者，不勝枚舉。一若儒家所云「盡人之性，盡物之性，則可以贊天地之化育然。」道家崇法自然之天道，以任天率性爲最完美之人生，舉凡違反自然，乖謬天性者，皆爲道家所不齒。乃以覆載所生，本性靈之所鍾，適乎自然之性行。凡屬人爲矯揉造作則違悖自然人生之眞諦。故老子云：「道生之，德蓄之，物形之，勢成之，是以萬物莫不尊道而貴德。道之尊，德之貴，夫莫之命而常自然。」

道家貴知足，禁貪欲；深知人之欲壑難塡，不知足者所欲無窮；所欲無窮，則所取者亦無窮也。由欲之所取，自然不顧於義，草野小民縱欲背義，則必作姦犯科，流爲盜竊亂賊；廟堂士子縱欲背義，則自蔑視禮法，成爲貪官汚吏；甚至一國政柄不幸歸於縱欲殘賊之手，勢必窮兵黷武，好戰虐民，天下大亂。故老子云：「天下有道，卻走馬以糞；天下無道，戎馬生於郊。罪莫大於可欲，禍莫大於不知足，咎莫大於欲得。故知足之常足矣。」（道德經下篇）。道家主張以純德化民，使民體會其純然渾然以自化。觀夫聖人天眞自然之德，猶若一遇嬰兒然，於其善者無所矜持，於其惡者無所疾惱。故云：「聖人無常心，以百姓心爲心。善者吾善之，不善者吾亦善之，德善矣。信者吾信之，不信者吾亦信之，德信矣。聖人在天下，惵惵爲天下渾其心，百姓皆注其耳目，聖人皆孩之。」（道德經下篇）。道家言天下之事物無絕對之善美，亦猶有無難易長短高下音聲前後之類。然當其時，適其情，則天下謂之善美；不當其時，不適其情。則天下謂之惡與不善。蓋言聖人知名之不可常，所以爲而未嘗爲，言而未嘗言，亦不知其爲美爲善也。四時寒暑相推移，萬物因應以化生，天未嘗言也。人本與天地鬼神同一理也，惟人獨蔽於有我之私欲，故鮮能與天道相通耳。故又云：「天下皆知美之爲美，斯惡已。皆知善之爲善，斯不善已。故有無相生，難易相成，長短相形，高下相傾，音聲相和，前後相隨。聖人處無爲之事，行不言之敎。萬物作焉而不辭，生而不有，爲而不恃，功成而不居，夫惟不居，是以不去。」泛論老子一本救世之心，高尙太古之治，力矯末世之弊。謂世之不治者，以有爲亂之也；有爲由於有欲，有欲由於有知；若日啓其無涯之知，而後節制其無涯之欲，猶持杯水救車薪之火也，欲其有濟則難矣。世之所謂賢者，必爲瓌瑋畸行之士也。然而賢智者好名，庸愚者好利，財貨與賢智，爲世人之可欲者，平庸者，自以爲賢智之不若，勢之不能勝時，則生嫉妒之心，有機可乘時，而爭奪之事起矣。財貨以難得者爲可貴，以其爲可貴也，人皆苦其不能得，則生竊盜之心，有貨可取時，而強梁之徒興矣。是皆由見可欲之爲禍也。若治世人皆尙純樸，無恃以賢智勝人者，物易取以養人爲可貴，不貴難得之異物。賢與不賢皆有所用，易得難得等量齊觀，民有無所可欲而亂其心，則爭奪盜竊之事無矣。人心之所以充滿私欲者，以其有可珍貴之事物誘之也。志氣之強梗橫厲者，以其有貪狠刦奪之意念促之也。心無外慕，靜以存之而自虛，頤養得宜，含哺鼓腹而自實。志無忿競，和平處之而自弱。精足筋完，不逞暴力而骨自強。道家言以虛弱爲心志，則其心志固常無知無欲矣；無知無欲則無爲，雖有知識超羣，聰明蓋世者而亦不敢有所爲，使民返樸於不自知，則天下未有不治也。復云：「不尚賢，使民不爭，不貴難得之貨，使民不爲盜，不見可欲，使民心不亂。是以聖人之治，虛其心，實其腹，弱其志，強其骨。常使無知無欲，使夫知者不敢爲也。爲無爲，則無不治。」（道德經上篇）。

道家純任自然固有之德性，不受塵俗罪惡之感染，自無外物之牽累，保持天德自然之純眞，無虞利慾之困擾；反乎此者，雖以仁義聖迹招慰蒼生，無如黎元荒亂喪失其本性。陶唐世前，民懷樸質渾然本眞，降及有虞，仁義是倡，淳風漸失，故招仁義以擾天眞之本性；絡以本性喪失，而自蔽於物，逐物意移，甚以身殉而不自知也。莊子云：「自虞氏招仁義以撓天下也，天下莫不奔命於仁義。是非以仁義易其性與？故嘗試論之，自三代以下者，天下莫不以物易其性矣。小人則以身殉利，士則以身殉名，大夫則以身殉家，聖人則以身殉天下。」（駢拇）。道家衡度萬物之理，天之與人混同無二，故云：「天之非人乎？人之非天乎？」（大宗師）。莊子主張對人事一任自然之眞性，反乎此眞性者，施之於事必敗，徵之於己則危。其無爲之義並非廢棄事務，而是本乎自然之理，不勉而中，不思而得，從容中道。以之修身，則虛靈恬靜，不爲私慾所擾，不爲外物所奪。以之行事，則廓然大公，不必固執己見，不必多事紛擾。莊子云：「虛則靜，靜則動，動則得矣。夫虛靜恬淡，寂寞無爲者，萬物之本也。」（天道）。老子云：「生而不有，爲而不恃。」「爲無爲，則無不治。」亦卽此義也。道家所言無爲之道，於斯道中無不爲之義，本甚玄妙，老子亦云：「玄之又玄，衆妙之門。」非有學養修行功深，難乎明斯道，亦難乎行斯道也。其道則天人同體，其行則參贊造化。以自私於身爲大患；以大公無我爲自愛。故老子云：「吾所以有大患者，爲吾有身，及吾無身，吾有何患？故貴以身爲天下，若可寄天下，愛以身爲天下，若可託天下。」莊子亦云：「故君子不得已而臨莅天下，莫若無爲，無爲也，而後安其性命之情。」（在宥）。

道家貴在保持固有之道，自須「見素抱樸」，老子云：「道常無爲，而無不爲。」河上公曰：「老子言我有三寶，一慈，二儉，三不敢爲天下先。慈非仁乎，儉非義乎，不敢先非禮乎。」老子之崇法自然，蓋從至虛至靜之中，以其最嚴最密爲基本，故於其所事也，不先事而爲，於無爲而無不爲者，功乃成而不居其功，功惟不居故不去；名乃立而不爭其名，名立不爭故莫爭。世之不察者，以爲老子主張無爲，廢棄事物而無所作爲則謬矣；然其善能體察萬物之自然，順應萬事之定理，待之以無爲之境，守之以無執之勢，趨吉避凶，福自生而禍自亡也。自以爲以此道修己則順而祥，以此道治國則惠而公，以此道處世無往而不善美矣。

綜論道家之學說具有絕對主觀性，雖非標奇立異以炫世，然而陳義過高，世人鮮有能徹悟之者，誠所謂「玄之又玄」。儒家所言中庸之道，其門徑易尋，其義理昭著，及其至也，亦非庸愚不肖所可幾及，故孔子云：「道之不行也，我知之矣：知者過之，愚者不及也。道之不明也，我知之矣：賢者過之，不肖者不及也。」「君子之道，費而隱。夫婦之愚，可以與知焉；及其至也，雖聖人亦有所不知焉。夫婦之不肖，可以能行焉；及其至也，雖聖人亦有所不能焉。」（中庸）。莊子至於道家之宣揚，一如孟子至於儒家之理論。道家主張崇法自然，意在使人各「安其性命之情」；儒家主張成仁取義，意在使人能「窮理盡性知命」。道家之超塵出世之想，儒家之自任救世之心。相行並不相背。迨及莊子多以寓言發抒其奧義，讀其書者雖多，能悟其道者蓋寡，由此儒道二家顯然劃分。莊子生當亂世，抱命世之才，爲將相之具，既不能得志兼善天下，只有獨善其身超脫塵世。如云：「不食五穀，吸風飲露，乘雲氣，御飛龍，而遊乎四海之外。」（逍遙遊）。莊子私淑老子之道學，探討其奧旨，發揮其玄理，史記莊周傳云：「其言洸洋自恣以適己。」所云：「大澤焚而不能熱，河漢沍而不能寒，疾雷破山風振海，而不能驚。若然者，乘雲氣，騎日月，而遊乎四海之外。」（齊物論）。似此構想超脫塵世，而遨遊乎天表，豈其凡衆所能領悟？然其用心靜慤眞淳，戒除私慾，淨化性靈，及時倡導於世，自當裨益於人心。觀夫西漢興而承暴秦之餘緒，倡行老子之道，「清淨」爲治，與民休息，故有文景之治；晉世濁亂，效法莊子之術，「混芒」忘世，乃出樂道清流。清儒王先謙謂莊子一書「晉演爲玄學，無解於胡羯之氛；唐尊爲眞經，無排於安史之禍。徒以藥世。主淫侈澹，末俗利欲，庶有一二之助焉。」亦透闢之論也。

第十二章　儒道之於民生

第一節　常　道

韓昌黎云：「古之時，人之害多矣！有聖人者立，然後敎之以相生相養之道。」（原道）。韓子所云「相生相養之道」者，包括人類生活之日常所需；人類相處之日常所宜。蓋謂詩書易春秋之文，禮樂刑政之法，士農工賈之民，君臣、父子、師友賓主、昆弟夫婦之倫，麻絲之服，宮室之居，粟米果蔬魚肉之食。此道由聖人立敎，則謂仁以居之，義以行之，相生相養，相處相安，爲萬古所不可移易者也。嗟乎！天下之生，一治一亂。間或不幸，大道隱淪，而邪說乘釁。滅絕倫理者有之；毀棄道德者有之。弁髦禮法，怪誕是務。迨至形成浩刼，爲害之烈，甚於洪水猛獸。雖有善者亦無可如何矣。

儒家之道，「極高明而道中庸」。乃由博反約，而由近及遠。道之造端，平易易知，探究極至，天地難窮。又曰：「大哉聖人之道！洋洋乎，發育萬物，峻極於天。優優大哉！」道本易行，而理難測。孟子曰：「行之而不著焉，習矣而不察焉，終身由之而不知其道者衆也。」（盡心篇上）。儒家言道，首重日用倫常之行爲，其道易爲，其敎易行；行之易者故不著；習矣數者故不察。蓋人皆能由乎斯道，若徹曉斯道所以然者，殆非睿智之聖莫能也。道之平易近人，我由斯至。孔子曰：「道不遠人；人之爲道而遠人，不可以爲道。」（中庸）。復歎人之背道而行者，曰：「誰能出不由戶，何莫由斯道也!?」（論語雍也篇）。「道之不行也，我知之矣：知者過之，愚者不及也。道之不明也，我知之矣：賢者過之，不肖者不及也。」（中庸）。聖人所言之道，乃天理當然中庸之道也。蓋言知者自恃其見地之高明，而以斯道平常則不足行也。愚者懵昧無知，固不知所以行之也。賢者行過其當，實則未能窮究其理也。不肖者固不能行，亦不能求其所以知也。至聖衞道嚴正，勉夫人於斯道臻於大中至正之境耳。

第二節　背道之害

孔子曰：「君子遵道而行，半途而廢，吾弗能已矣。」（中庸）。聖賢擇善固執，即知即行，一本至誠無息之毅力，而達於至善之境地，斷乎未有中道而廢者也。

孟子曰：「有天爵者，有人爵者。仁義忠信，樂善不倦：此天爵也。公卿大夫，此人爵也。古之人修其天爵，而人爵從之。今之人修其天爵，以要人爵；既得人爵，而棄其天爵：則惑之甚者也，終亦必亡而已矣。」（告子篇上）。蓋人之性分中，本具有仁義忠信之美德，此種美德乃與人生以俱來。惟古之賢聖能明辨天賦之尊榮，拳拳服膺，修持而勿失。實無意於顯貴也。「非其義也，非其道也，祿之以天下弗顧也。」天爵者，卽天理當然之大道也，居仁由義，安貧樂道，人之所以爲人者，在於修養天賦之尊貴，亦何嘗有求於高官厚祿之意乎？然而道德積於中，英華發於外，適逢當道尊賢，干旌在郊，束帛抵門，三使三聘，枉駕下顧，則賢者攬轡委質，未有不鞠躬盡瘁，而爲天下蒼生託命者也。今世之修天爵者則反是矣。「其未得之也，患得之，既得之，患失之；苟患失之，無所不至矣。」（論語陽貨篇）。謙恭下士，似仁義也；讒諂面諛，似忠信也。欺世盜名，爲干祿也。巧言令色，爲取信也。似此蒙上欺下之輩，一旦竊位苟祿，則必棄仁義，失忠信，鮮廉寡恥，追求物慾，草菅民命。迨至罪惡昭彰，典刑不宥，身亡名墜，固其宜也。嗟夫！世人之所以求富貴利達者，昧於一己之良貴，屈身辱節，背乎仁義忠信之正道，終必至於敗亡也。

儒家所言之道，若就其廣義論，上賅天時，下達地利，中通人和。寒暑運轉，見之於天時也。果腹蔽體，得之於地利也。仁義道德，行之於人和也。反乎此道，卽背道而馳，背道而馳者，施之於事則敗，施之於人則亡。天道爲陰陽五行之氣。地道爲剛柔五材之用。人道爲仁義五常之德。人能循此自然之道，行之於日用事物之間，無所處而不當。人有不幸者，不能敬畏天道，不能克制私慾，泯滅本然之善，背叛正道，聰明誤用，走上歧途，實無異自取滅亡也。故孔子曰：「人皆曰：『予知。』驅而納諸罟擭陷阱之中，而莫知之辟也。人皆曰：『予知。』擇乎中庸，而不能期月守也。」（中庸）。

第三節　以德化民

儒家主張以德敎化民，先修己而後治人。一反法家之蔑視道德，只任刑罰。故孔子曰：「文武之政，布在方策。其人存，則其政擧；其人亡，則其政息。」（中庸）。儒家之道，以爲有治人始有治法，治法雖良，苟非其人，非特良法等於具文，甚且暴君汚吏曲解法令，反而爲箝制衆民之工具。故孟子曰：「徒善不足以爲政。徒法不能以自行。」（離婁篇上）。無其政之實際，空有其心之設想，故謂之徒善。無其心之設想，空有其法之形式，則仍不能行先王之法也。孟子曰：「規矩方員之至也，聖人人倫之至也。」（同上篇）。惟規矩所以爲方員之理，惟聖人乃能爲人倫之道。儒道論法政，莫不以人情常理以爲用也。故孔子曰：「聽訟吾猶人也，必也使無訟乎！」（大學）。聖人以盛德敦化之功，定能使之無訟之可聽耳。根本敎化，上行下效，風行草偃。民之歸仁，猶水之走下也。孔子曰：「上敬老則下益孝，上尊齒則下益悌，上樂施則下益寬，上親賢則下擇友，上好德則下不隱，上惡貪則下恥爭，上廉讓則下恥節，此之謂七敎。七敎者，治民之本也。政敎定，則本正也。凡上者，民之表也；表正則何物不正？是故人君先立仁於己，然後大夫忠而士信，民敦俗璞，男慤而女貞，六者，教之致也。布諸天下四方而不怨，納諸尋常之室而不塞，等之以禮，立之以義，行之以順，則民之棄惡，如湯之灌雪焉。」（家語）。古時政教不分，負政治專責者，亦負教化專責。故曰：「天佑下民，作之君，作之師。」（泰誓）。在上位者若能愛親敬親，以孝道爲天下倡，則民德自然敦厚，而化行俗美矣。故云：「上老老而民興孝，上長長而民興弟，上恤孤而民不倍。是以君子有絜矩之道也。（大學）。孔子曰：「愛敬盡於事親，而德教加於百姓，刑於四海。」（孝經）。

承天景命之君主，必須盛德廣運，殷憂觀效於治道，謙沖優禮於賢士。「罔失法度，罔遊于逸，罔淫于樂，任賢勿貳，去邪勿疑。疑謀勿成，百志惟熙。罔違道以干百姓之譽；罔咈百姓之欲，以從己之欲。」（大禹謨）。

結論

孟子生當叔季之世，諸侯互相侵伐，爭城爭地，殺人如麻。有識之士，蒿目時艱，雖存心濟世，而各執一偏。百家爭鳴，莫衷一是。邪說誣民，非但無益，而思想紛歧，勢足益助天下之亂也。惟有孟子本命世之大才，以息邪說；明王道之治，以警時君。纘儒家之統，故曰：「乃所願，則學孔子。」又曰：「能言距楊翟者，聖人之徒也。」其涉世立教，一本孔子之學說；第其所稱舉者則爲綱領旨趣，而自行所發揮者乃見其條目工夫。蓋孔子教人以仁，或以仁禮並稱；而孟子惟以仁義連稱，以仁義禮智爲盡人性分中所具有之四德，故道性善，謂盡人可以爲堯舜。書云：「惟天地萬物父母，惟人萬物之靈。」（泰誓）。以人獨得天地清正之氣而生，言人性善則有所本也。孟子亦嘗仁禮並稱，曰：「仁者愛人，有禮者敬人。」明義利之辨，嚴禮欲之防，曰：「人之所以異於禽獸者幾希。」此幾希之謂者，以人與禽獸同有欲性也；惟人之所以異於禽獸者，謂人獨有義理之性也。曰：「理義之悅我心，猶芻豢之悅我口。」又曰：「生我所欲也，義亦我所欲也，二者不可得兼，舍生而取義者也。」

儒家之道，由一貫傳統民族之特性而來，古聖先賢依我民族生活方式之演進，與人心共同之要求，一切自然現象之配合，而建立倫理道德之標準，創造文物制度，使人生有所依據，知所取法，互助互惠，同享共存共榮之幸福。古時政教不分，儒家所最尊崇者爲王道政治，亦即所謂先王之教也。所謂王道，上本天理，下衡人情，「無偏無陂，遵王之義。」「是訓是行，以近天下之光。」上行下效，道同風一，綱常禮法，歷代相傳，視爲當然。然而道有盛衰，世有治亂。稽諸史實，致亂之由，多因政教窳敗，上無道揆，下無法守，君子犯義，小人犯刑。當茲世衰道微之秋，邪說暴行有作，殘賊得逞，篡弒接踵。兵連禍結，烝民塗炭。當斯時也，惟有聰明睿智之聖賢一本中華道統文化，或出而遊說當道，或著書立說，距邪以扶正，撥亂而反治。

春秋之世，周道衰微，綱紀廢弛，時有篡弒，人禍橫流，蔑視禮義。孔子本天縱至聖之資，抱悲天憫人之懷，以其道學周遊列國十三年之久，終未爲當道所重用，退而遵周之遺制，刪詩書，訂禮樂，贊周易，作春秋，依據古先聖王之治法，懲惡而勸善，明王道之正，敍人倫之紀。其作春秋也：誠所謂一字之褒，寵踰華袞之贈；一字之貶，辱過市朝之撻。德之所助，雖賤必伸；義之所抑，雖貴必屈。成天下之事業，定天下之邪正。謂其「德侔天地，道冠古今。」實非溢美之贊矣。

迨至戰國，七雄繼起，弁髦王政，蔑棄道義。功利是尚，不惜率土地而食人肉；詐譎惟聽，遑論推仁恩以取信庶民？當是時也，貪饕無恥之徒，逞佞口以惑時君；抱道有爲之士，遂裹足被捐於斯世。於是異端紛起，雜說羣興。諸侯無德，興兵逞強；詐謀登用，富貴是務。卒至亡自身而滅人之國，有國家者豈可不知鑑戒耶!?

孟子本命世聖賢之鴻猷，秉先知先覺之睿智，承中華文化道統之緒，繼至聖孔子之學，闡揚先王文教之德化，以救當時之弊害；敷宣明君仁政之功效，感發當道之覺悟。澤及當時，功垂後世。即今之政治經濟之要領，推究保民養民之大略，仍須借鑑於孟子。綜括而論，孟子大旨在道性善，言民主，以浩然之氣，發仁義之言。息邪說，距詖行，放淫辭，義理嚴明，文氣磅礴。樂觀積極，思想正大。孫奭云：「總羣聖之道者，莫大於六經；紹六經之教者，莫尚乎孟子」。（孟子正義序）。韓昌黎謂中華道統自堯舜禹湯文武周公孔子傳至孟子，由此可知孟子在羣經中之重要。近世一般自以爲前進崇洋媚外者，率多蔑視祖國文化，以爲如果祖國文化完美無缺，奚至祖國科學落後？甚至詆譭聖賢，卑視道德，一如五四運動後之邪說。堪痛五四運動後之一般妄人，以破壞中國文化爲能事，將專制政權及科學落伍等等罪名，加之儒家，信口雌黃，蠱惑青年。及至流毒發作，妖氛瀰漫，雖有善者，亦難挽救。現我大陸同胞遭此浩刼是誰之過與!?

儒家中庸之道，在人際關係上中正和平，誠如孟子所云「夫道若大路然」。簡而易行，夫婦之愚，可以與知，及其極至，雖聖難能。其高明悠久，贊天地化育之功；平易近人，爲人生必由之徑。中華文化爲我立國之根本，博大精深，無遠弗屆。卽西方明哲亦至景仰。在我抗戰勝利後之第一年，余與一美籍牧師華樂德同校任教，在課餘談及原子武器殺傷威力之大，將來各國仿造定予世界人類極慘災難，甚至毀滅人類，應如何挽救此空前罕見之刼運……當時在座多人，無一能道以所以，惟獨華牧師挺身而起，當謂「學習中國文學頗有心得，惟有中國儒家思想，和仁義道德才能挽救世界人類之刼數」。時至今日，更證實其言之驗也。羅素謂「西方人發明武器，須有中國精神，始能用之得當。」梁任公遊歷歐洲，西方哲人與之談及人生問題謂：「西方物質文明，外表美觀，骨內痛苦，最須中國道理補救其人生。」杜威云：「中國人多理會人事，西洋人多理會自然。」西方哲人無不傾慕中華文化者又一明證。惟有人文科學和自然科學緊密配合，而自然科學始不至危害人類；亦惟有自然科學本人文科學之精神去實用，始可造福於人類。若不此之圖，自然科學爲其後盾，異端邪說助其波瀾，世界人類生命將不堪設想矣。孟子在戰國之世，雖未見重用於時君，然其高潔之行，仁義之論，足以發揚中華道統文化，而震耀當世勝服羣說矣。孟子一書，可爲今時救世之寶典，謹就管見，闡發淺近，於其至德體要之深奧，實非愚拙譾陋所能窺見其門徑也。本作兼引羣經諸子、以及當時雜說，乃爲證實亞聖弘道立言之正大，救世保民之苦心耳。

中華語文叢書
孟子大義

作　　者／苑覺非 編
主　　編／劉郁君
美術編輯／本局編輯部

出 版 者／中華書局
發 行 人／張敏君
副總經理／王銘煌
地　　址／11494 台北市內湖區舊宗路二段181巷8號5樓
客服專線／02-8797-8900　　　傳　　真／02-8797-8990
網　　址／www.chunghwabook.com.tw
匯款帳號／華南商業銀行　西湖分行
179-10-002693-1　中華書局股份有限公司

法律顧問／安侯法律事務所
製版印刷／經典數位印刷有限公司　海瑞印刷品有限公司
出版日期／2017年3月再版
版本備註／據1977年10月初版復刻重製
定　　價／NTD 250

國家圖書館出版品預行編目（CIP）資料

孟子大義 / 苑覺非 編. -- 再版. --臺北市：中華書局, 2017.09
面；　公分. --（中華語文叢書）

ISBN 978-986-94909-8-6(平裝)
1.(周)孟軻 2.學術思想

121.26　　106013127

NO.H2017
ISBN 978-986-94064-8-2（平裝）